税弱な日本人からふんだくるピンハネ国家の不都合な真実

ひろゆき 著

元国税調査官
根本和彦 監修

宝島社

はじめに

今、皆さんは政治家の裏金問題とかで大騒ぎしてますけど、
本当は日本はもっと深刻な問題に直面しているって
知ってましたか?

政治家の裏金問題なんて、せいぜい4000万円とか
その程度の金額ですけど、
今国が抱えている借金って1300兆円くらいあるんですよ。
その借金が増えていくと、年金とか医療保険とか
失業したときの生活保障とかも、
満足にもらえなくなるような
最悪な社会がやってきますよ。

実際、今若い世代の人たちは
お金がなくて結婚できなかったり、

結婚しても子供がもてなかったりとかいう状況になっていませんか？

老後2000万円問題とか言われてますけど、定年を間近にしてその2000万円をしっかり蓄えてる人ってどのくらいいますか？
日本はずっと給料が上がらない状況が続いてきて、すでに世界から産業レベルでも取り残されているから、これからも給料が上がっていく確率はかなり低いと思いますよ。

そこへもってきて、さらに税金だとか社会保険料とか負担はどんどん増えていくと思います。
早くその現実に気がつかないと、大変なことになると思って、今回はこの本の中で、あえて叩かれそうなことをいろいろ述べてみました。

それから、ベーシックインカムっていう
新しい制度のことにもちょっと触れてみました。
これって、今の「終わってる」日本を救うには
とってもいい方法だと思うんだけど
政治家の皆さん、特に与党の政治家の皆さんが
取り上げてくれないから、
こういう場を借りて、ぜひ皆さんに広めたい
と思っているんです。

今回は強力な助っ人として元国税調査官の
「税金坊」こと、根本和彦さんに監修をお願いして
税制面などの理論的な補強もしてもらいました。

それでも僕が言っていることが現実にそぐわなかったとか、
間違っていたりすることもあるかもしれませんけど、
そしたらどんどん指摘してください。

そうすることで皆さんが、今の危機的な状況を
もっと身近に感じられるようになれば
それで僕は満足です。

ひろゆき

目次

第1章

江戸時代から続く国民からふんだくる日本の構造

(注)江戸時代は「五公五民」といって農民の収入の半分が年貢として幕府に取られていた

働き手を苦しめると優秀な人材から海外へ流出し
お金がなければ子どもは産めず人口が減れば年貢も減り将来的に困るのは政治家のほうじゃぞ！
まーそのときはそのときで
自分が死んだあとのことなんか知らんし
選挙制度ないから政治家終わってますねー
300年後
えー少子化対策のためー
国民から広く負担を募りー
NEWS
選挙あっても変わってねえー
いつも忙しくて疲れててほかのことなんか考えられん……
無限ループ
まいっかうまいラーメンと推しがいれば幸せ♡
LOVE
まさにパンとサーカスですな
日本人の「税弱」はこの愚民政策の賜物ですね

そもそも税金って何？

国民が
払った税金は
本来国民の
ために
使われます

税金の仕組み（国税）

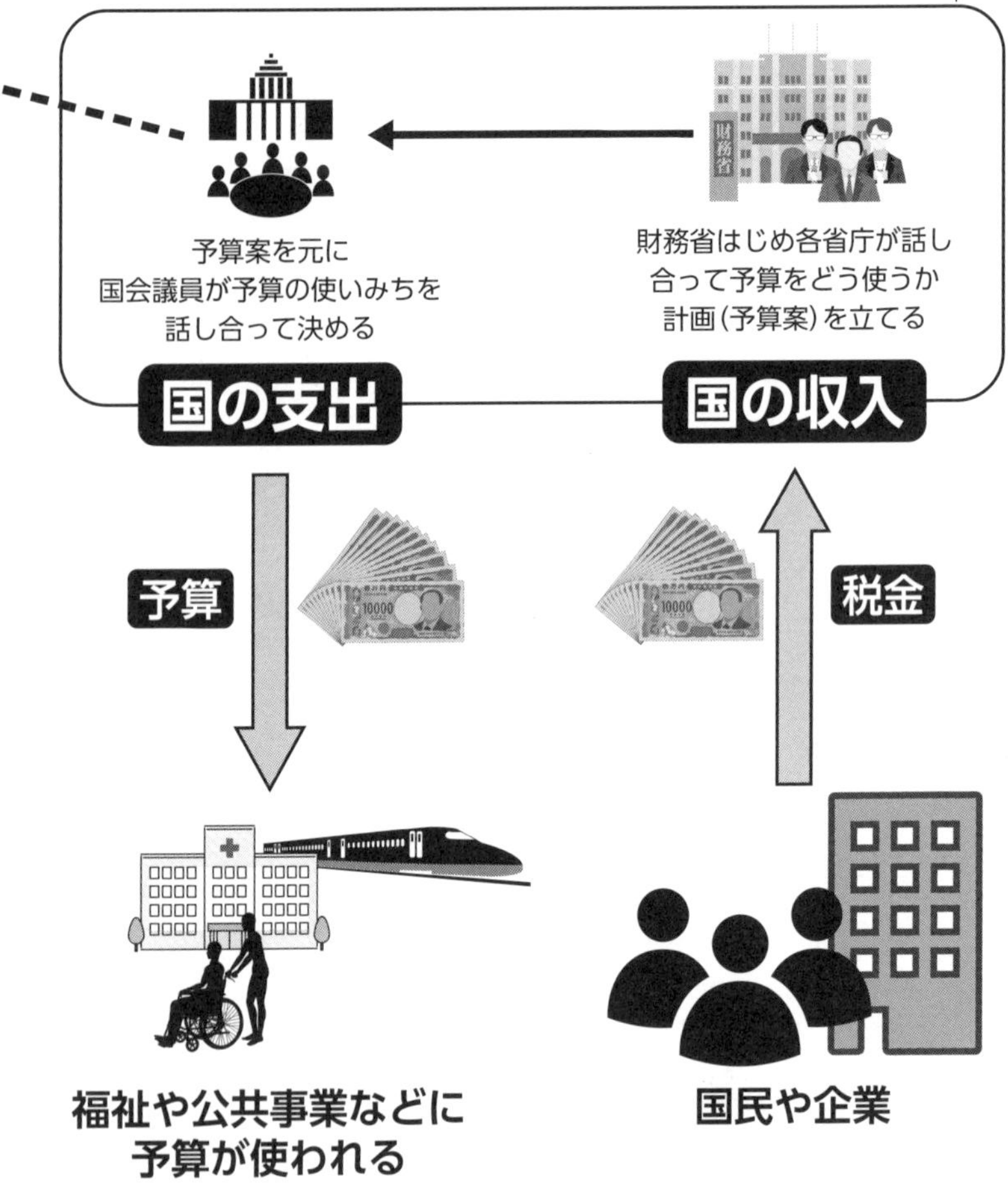
予算案を元に
国会議員が予算の使いみちを
話し合って決める
財務省はじめ各省庁が話し
合って予算をどう使うか
計画（予算案）を立てる
財務省
国の支出
国の収入
予算
税金
10000
福祉や公共事業などに
予算が使われる
国民や企業

でも政治家が
その予算で
地元選挙区に
お金を落とすために
ダムを造ったり
するから
問題になる

有力政治家の選挙区
10000

税金の公平性

税金は本来
金持ちからも
貧乏人からも
平等に徴収
されるもの

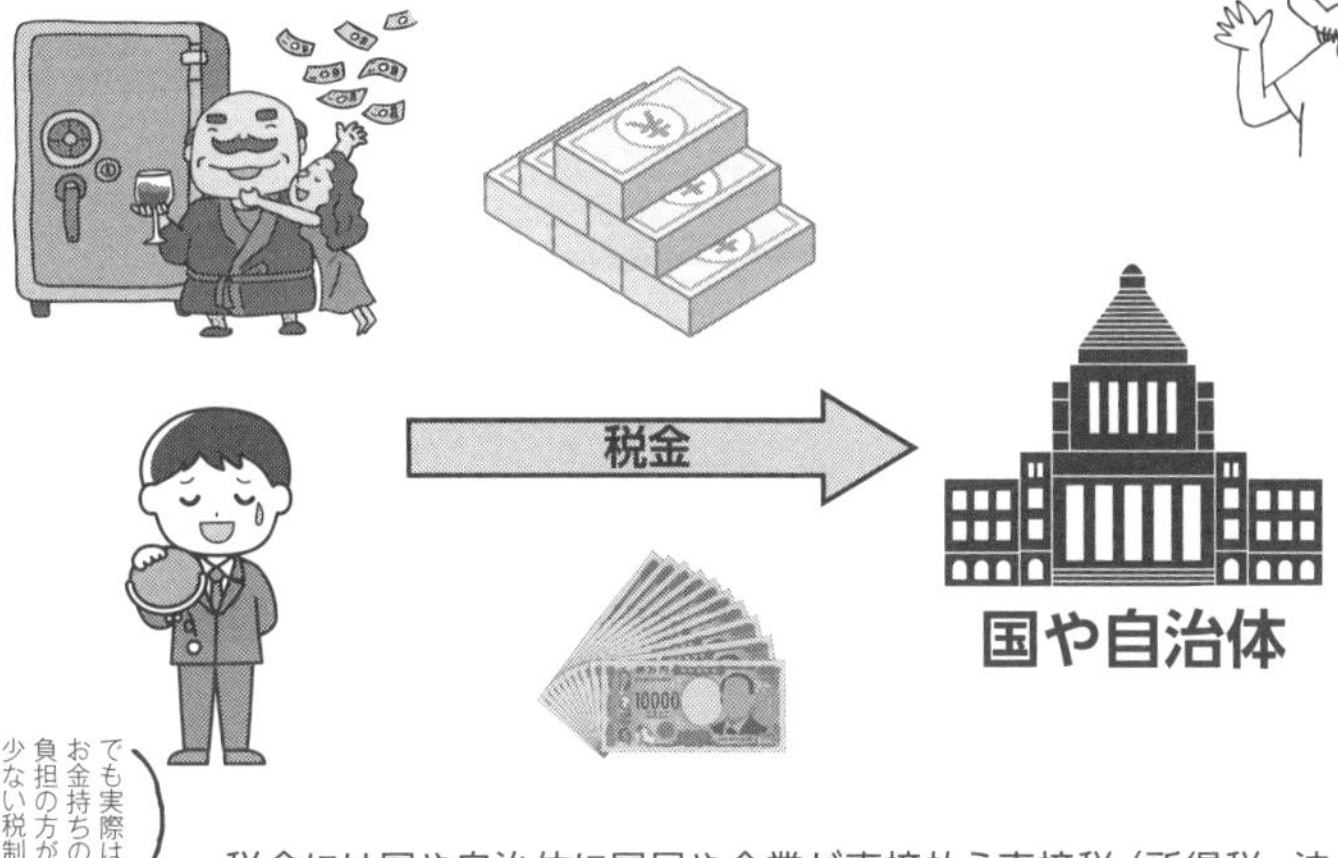
税金
国や自治体
10000

でも実際は
お金持ちの
負担の方が
少ない税制に
なってますよね

税金には国や自治体に国民や企業が直接払う直接税（所得税、法人税、住民税、固定資産税など）と、お店で買い物をしたときなどに支払う消費税などの間接税があります。たとえば所得税は累進課税といって、お金のある人がたくさん払って、貧しい人は少ない支払いでいいということになってますけど、その比率や、お金持ちと貧しい人が同じものを買って同じ額の税金を払う消費税は、「公平じゃない」という意見もあります。

年収1200万円は決して「高所得者」ではない

国民は生かさず殺さず

江戸幕府の農業政策を表す象徴的な言葉として「百姓は生かさず殺さず」というものがありました。

要するに、お百姓さんには贅沢をさせないが、日々の暮らしに困らない程度のお金は残せるくらいにしておくのが、当時の政策としては最良だったということです。

これは徳川家康の言葉とも、その家臣の本多正信の言葉とも言われていますが、実際こうした政策が功を奏して、江戸幕府は300年（実際は260年くらい）もの長きにわたり続くことになりました。

もし農民にお金が貯まるような政策を行っていたら、農民が武器を買ったり集団で兵隊を雇ったりして、幕府に歯向かうことになったでしょう。そこで徳川幕府は、お百姓さんには財産が残らないようにして、ギリギリのラインで生活が続けられるところまで年貢（今で言う「税金」）を取り立てたわけです。

この時代の言葉にもう1つ、「百姓と胡麻の油は、絞れば絞るほど出るものなり」というものがありますが、ギリギリまで税を搾り取って政権の安定を保っていたわけです。

これってまさに、現在の日本の社会でも同じことが行われているのではないでしょうか。

たとえば、児童手当法が改正されて、2022年10月の支給分から、年収1200万円を目安とする高所得者世帯への児童手当の特例給付が廃止されました（図1）。この改正で、給付対象から外れた子どもの数は全体の約4％の約61万人と言われています。

「年収1200万円」というのは、厳密に言うと、扶養人数などによって、金額が変わります。それよりも僕が疑問に思ったのは「年収1200万円」の人ないしはその家庭が「高所得者世帯」、いわゆる「お金持ち」と位置づけられていることです。

確かに年収1000万円を超える世帯は、一般的に「高所得」と見なされるのかもしれません。だから政府も「お金持ちなんだから児童手当はいらないよね」っていう名目でこういう政策を打ち出し、一般市民もそれに簡単に同意するわけです。

でも、そもそも年収1200万円の家庭って、そんなにお金持ちなのでしょうか？

以下は概算ですが、1200万円を12で割ると月収は100万円になります。そこから所得税や住民税などの税金を引かれ、社会保険料などを支払うと、手元に残るのは75万円くらいになります。

月75万円の手取り収入で東京都内に住むのは、正直言って結構ハードです。ましてや子どもが2人くらいいると、家もそれなりの面積が必要なので、たとえばお金持ちの多そうな港区あたりに住んだ場合、安い3LDKでも家賃は30～40万円くらいになります。

子どもがいるので、買い物や学校・幼稚園の送迎などで車が必要になります。そこで車の維持費もかかりますし、駐車場も港区あたりだと5万円くらいにはなります。

さらに2人の子どもを塾に行かせようとすると、1人当たり5万円、2人で10万円くらいかかります。

結局、手取りが月75万円でも、75万円－35万円（家賃）－6万円（駐車場＋維持費）－2万円（車維持費）－10万円（子ども塾費用）で、結局手元に残るのは20万円そこそこです。そこからさらに食費・光熱費や、家族で旅行に行ったりする費用などを引くと、ほとんど手元にお金は残りません。

加えて最近では、再エネ賦課金（再生可能エネルギー発電促進賦課金）などという目に見えない負担が課せられているということはご存じでしょうか？　これは再生可能エネルギー（太陽光、風力、水力、地熱、バイオマス等）の普及を促進するため、再エネ

図１　年収 1200 万円家庭に追い打ち

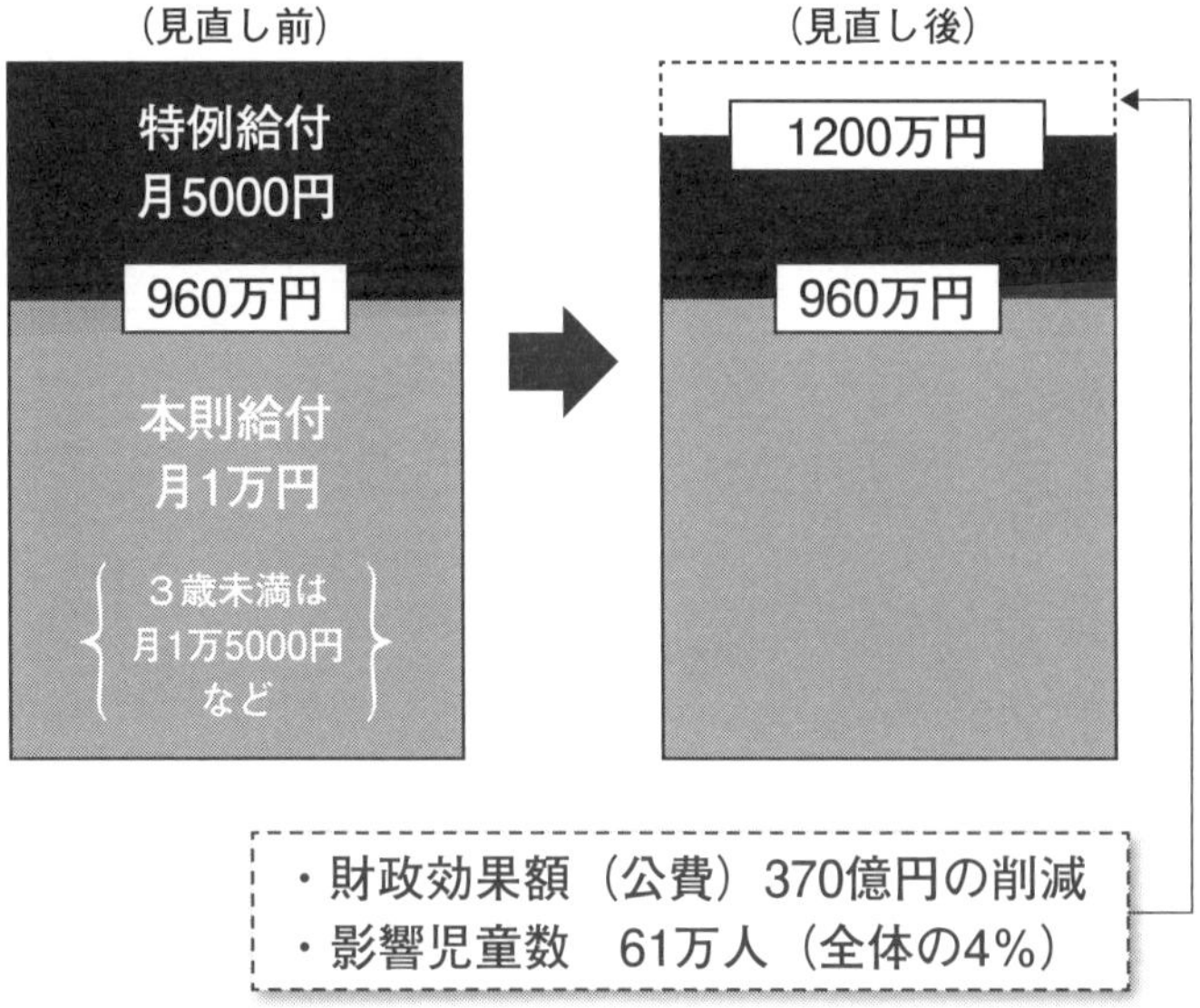

※所得1200万円以上の人の給付が廃止された

内閣府資料を基に編集部で作成

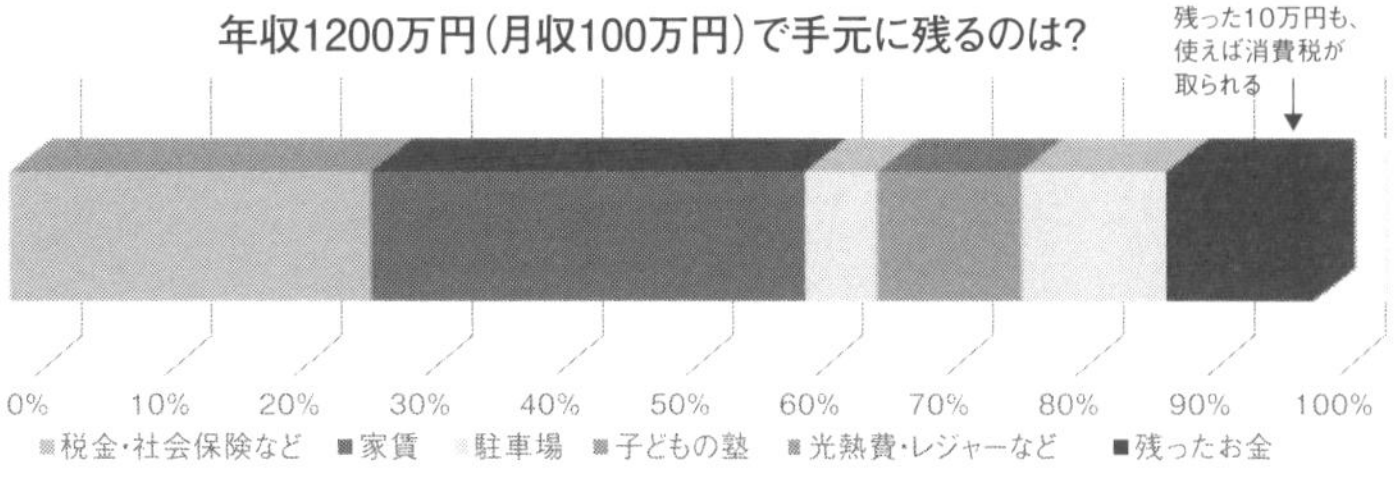

による電力を電力会社が高く買い取り、その費用を電気の利用者が負担する仕組みです。電気料金と一緒に電気の使用量に応じて徴収されているのです。

そして残った可処分所得も、使えば10％の消費税がぶん取られる。それでは貯蓄や投資もできないですよね。

つまり、年収が1200万円あったとしても、実はそれほどお金は貯まらないのです。

お金持ちの子どもほど優秀になる確率が高い

児童手当廃止の問題は、このように実はそれほどお金持ちではない年収1200万円の家庭をさらに苦しめることになるということだけではありません。

実は優秀な子どもを育てるためには、お金のある人がお金をたくさん使って子どもを育てたほうがよいのです。

なぜならお金があれば塾に行かせることもできるし、普通の公立学校よりはきちんとした私立の学校に入れたほうが、優秀な子どもに育つ確率が上がるからです。

そして優秀な子どもほど、将来たくさんお金を稼げるようになり、優秀な納税者になる確率が高いのです。

ところが、児童手当を廃止してしまうと、年収1200万円くらいの家庭では、生活が苦しいので2人目の子どもを作るのをやめようとか、あるいは子どもそのものを作るのをやめようと考えてしまいます。

つまり年収1200万円くらいの家庭では、政府が「子どもをそれ以上作らなくてもいい」というメッセージを発していると感じてしまうわけです。政府としては将来の優秀な納税者を生む芽を摘み、長い目で見れば自分で自分の首を絞めていることになってしまうわけです。

そもそも年収1200万円を稼いでいる人は、管理職クラスで、残業手当もないけど毎日一生懸命働いて週末も仕事のことを考えているような、頑張っている人たちです。本来はそういう人たちが安心してガンガン子どもを作れるくらいのお金を渡さなければいけないのです。

実際、児童手当の廃止によって削減された公費は、年間で370億円程度と言われています。13兆円の財政赤字に比べれば大した金額ではありません。

今の日本政府の政策に対して国民から不満が出るのは、こういうところにあるのだと思います。一生懸命働いて年収1200万円くらい稼いでいる人からは搾り取り、その一方で、億単位の金融資産を持っている人たちは、それほど苦労もせずに稼ぎ、なおかつ政府から搾り取られないという構図が出来上がっているのです。

たとえば金融資産1億円を持っている人が、そのお金を米国のインデックス・ファンドに全てぶち込むと、それだけで年間300〜400万円くらいの収入になるんです。これらのインデックス・ファンドなら年利3〜4％は当たり前ですし、全米の株式に投資するファンド（投資信託）や、全世界に投資する通称「オルカン（オール・カントリーの略）」などのファンドなら、年利で軽く10％を超えます（2024年3月末時点）。1億円投資して年に1000万円、2億円の投資なら2000万円になります。

その2000万円の利益に対して、税金はなんと20％ちょっとしかかかりません。したがって1600万円弱が手元に残るわけです。特に働きもせず、全米のインデックス・ファンドに投資しただけで、です。

さらに金融資産が2億円ある上に、不動産を持っている人は、家賃もゼロになります。だったら、一生懸命働いて年収1200万円を稼いでいる人から搾り取るのではなく、金融資産を持っているお金持ちからたくさん取れよ、と誰もが思うのですが、いかんせん、日本の場合は金融資産を持っている人に対する税率が低いままなのです。

結局、年収1200万円の人は、一生懸命働いていても金融資産を2億円にすることはできません。先に計算したように、貯金をするにしても、月10万円くらいしかできないからです。年間で120万円、20年間貯めても2400万円です。だから年収

1200万円は、決して「高収入世帯」ではないのです。それでも65歳とか70歳になって退職するときには、年金も入りますから、そこそこの老後生活は送れるでしょう。

このように現在の政府の政策は、庶民がお金持ちになる道を閉ざしてしまっているのです。徳川時代から続く伝統で、国民が有産階級になれないように仕向けていると言っても過言ではありません。

ただし、これは先ほども述べたように、将来の国家の首を絞めることになるのです。そのことに、政治家たちは気づいていません。気づいていても、多くの政治家はもう高齢なので、自分たちには関係ないと思っているのでしょう。

一方、現時点で金融資産を持っている人は、働かなくても資産の一部を投資に回しているだけで、お金はどんどん増えていきます。お金持ちには、たとえば買っておくだけで自然に株価が上がる新規公開株を証券会社が薦めてくるなど、自然にお金が巡ってくるような環境が整っています。

お金持ちとそうでない人の格差はどんどん拡大し、国民の政府に対する憎悪の念は、日々増大しています。このように国民が国家からぼったくられ、ピンハネされている例をもう少し見ていきましょう。

五公五民からさらに増える国民負担率

少子化支援という名の増税

このように国民から搾り取って子どもも作れないような社会にしておくと、いずれ日本は終わります。その理由については、第3章で詳しく述べていきます。

いずれにしても少子化がこれ以上進行しないよう、子育て支援は行うべきであって、そのための財源を確保するために増税が行われることもやむなしと、本来は考えるべきなのだと思います。

ところが政府の場合はやり方がまずいので、大抵は国民から大きな反発を食らいます。象徴的なのが2024年2月に行われた衆院予算委員会での岸田文雄首相の答弁です。首相は、2028年の段階で、1人当たり月500円弱の負担をお願いすることになると発言しました。さらに首相はこれを「増税ではない」と言い、その理由については、賃上げと歳出改革によって実質的な負担が生じないから、と言うのです。

ところが実際には、実質賃金はこの発言時点で、22カ月連続で減少（厚生労働省調べ）し、賃上げが物価上昇に追いついていません。今後賃金が上がっていく保証もありませんし、そもそも賃金上昇は個々の企業の問題であり、政府がどうこう言って改善されるものでもありません。

さらに岸田首相は、この子育て支援の財源として２０２８年度までに３兆６０００億円を確保し、そのうちの１兆円程度は、国民の医療保険料に上乗せして徴収する支援金制度で賄うと言っています。

これをもって「増税ではない」と主張しているわけですが、税金を払う代わりに医療保険に上乗せされるのであれば、国民が負担することに変わりありません。そもそも医療サービスを受けるために国民が支払っている医療保険からなぜ子育て支援の財源を捻出するのかという理由もよくわかりません。案の定、野党からは子育て支援ではなく、実質的な「子育て増税」ではないかと追及されました。

だったら最初から「子育て支援のために増税します」と言えばいいのに、給料から天引きされる医療保険にこっそり上乗せするような姑息な手段を考えるから、わずか月５００円の負担すらも国民に受け入れられないのです。

「五公五民」でも一揆を起こさない現代の日本人

なぜ国民がこのように政府から負担を強いられることに対し神経質になったり、反発したりするのかといえば、すでに国民が負担している税金や社会保険の割合（これを「国民負担率」と言います）が非常に大きいからです。そこに持ってきて、さらにこれ以上搾り取るのかということで、増税とか負担という言葉に敏感になっているわけです。

2023年2月に、財務省は、国民負担率が2023年度は46・8％になる見通しだと発表しました。さらに、将来世代が負担する財政赤字を加えた「潜在的国民負担率」は53・9％、つまりは50％を超えると発表したのです。

これをもってネット上やマスコミの報道では、「五公五民」というキーワードがトレンド入りするほどでした。

「五公五民」というのは、江戸時代の年貢の比率を表現した言葉で、農民は収穫した米の5割を年貢として上納し、残り5割を自分たちのものにするというものでした。

ただ、実際に五公五民では農民の生活はかなり苦しく、当時の資料によると、田畑1町（約1ヘクタール）を経営する5人家族の場合、「三公七民」で辛うじて生活が成り立つということです。冒頭で述べたように、徳川幕府は「百姓は生かさず殺さず」という方針で、ギリギリまで搾り取っていたわけです。

その結果、負担に苦しむ農民は、田畑を隠して耕したり（隠田《おんでん》）、年貢の負担に耐え切れずその土地から逃げだしたり（逃散《ちょうさん》）、さらには年貢減免を要求する一揆を起こすこともありました。

今日の国民負担率50％という状況は、まさにこの江戸時代の「五公五民」なわけです。

国民負担率をわかりやすく説明すると、たとえば働いて1カ月に50万円を稼いだ人がいるとします。そこで米国など外国では税金で10％ぐらい取られて40万円くらいは手元に残ります。その40万円はいわゆる可処分所得で、生活費のほか自分の好きなものを買ったりあるいはスキルアップのために資格を取得するための学校に投資したり、自由に使えるお金です。

ところが日本の場合は50万円稼ぐと半分の25万円を国に持っていかれてしまうわけです。この25万円は、所得税や住民税だったり社会保険料だったりします。

ここで一つ、覚えておいてほしいのは、たとえば「俺、社会保険料は1万5０００円しか払ってないよ」という人は、本当はその倍の3万円を払っているということです。

これはよく「労使折半」という言い方をしますが、その人を雇うために会社が同じ金額の社会保険料を払っているというだけで、会社がその人に支払う代わりに、その人の雇用のためにかかるコストとして国に支払っているのです。

この点は、本書の監修をしてくださっている元国税調査員の根本和彦さんが詳しく説明されている内容を後段で紹介します。

いずれにしても、50万円稼いでも、サラリーマンの人たちはその半分の25万円のお金をやりくりして生活したり投資したりしなければいけないわけです。

この国民負担率、世界的に見ると日本の負担率はそれほど高くないという見方をする人もいます。しかし、たとえば北欧の国のように国民負担率が高くても、セーフティネットが発達していれば、失業しても食いっぱぐれなかったり、学費もタダにしてくれたりするなどの措置が取られます。失業しても政府が生活に最低限必要な金額を保障してくれる国であれば、国民負担率が5割でも6割でも国民は困らないわけです。

一方で日本の場合は、国民負担率が5割と高いことに加え、失業しても、失業保険は約1年で切れて、そのあとは自分でなんとかしてくださいというような冷たい対応が取られてしまいます。それでダメだったら生活保護を受ければいいではないかというように、わりと弱者を突き放した政策が行われているわけです。

この生活保護にしても、実際それを受けている人の割合は非常に少ないといわれています。生活保護を受けるのであれば、車をまず売りなさいとか、暗に贅沢をしてはいけないということを言われたりして、いろいろ条件を付けられると、若い人に至っては申請に行っても職業安定所を紹介され、働けるなら仕事をしなさいと言われてしまうこともあります。

したがって、数字上の国民負担率は他国と水準が変わらなくても、国民の肌感覚としての負担感は、日本の場合かなり大きいといえます。

日本の国民負担率は基本的に上がり続けており、今後も下がることはないと思います。いずれ五公五民ではなく、六公四民くらいになることも覚悟したほうがいいでしょう。

そのために僕は、以前からベーシックインカムという政策について発言したり、その実現可能性についてみんなと議論しているわけですが、ベーシックインカムについてはまた後ほど詳しくお話ししたいと思います。

＊

「労使折半」のまやかし

前述した「労使折半」のからくりについて、根本和彦さんは次のように説明しています。

社会保険料は労使折半で支払われているということが、よくニュースなどでも言われています。これは給与をもらっている非雇用者と、給料を払っている雇用者である企業が、社会保険料を半々に負担しましょうというものです。実はこれが「まやかし」だということを、お話ししたいと思います。

社会保険料を労使折半ではなく「労使合算」で計算すると、たとえば年収600万円の人の場合、実に約30％が社会保険料の負担額になります。税金と合わせると、約4割も負担していることになります。

ではなぜ、労使合算で考えるのか、ということを説明します。

まず、厚生年金保険料が労使折半であれば、従業員が負担しているのは本当に半分だけなのでしょうか？

図2をご覧ください。まず天引き前の給料が、給料明細に載っている額面の給料です。ここから税金や社会保険料などがいろいろ天引きされます。

この中に従業員負担分の社会保険料が含まれるわけですが、これを差し引いた金額が天引き後の金額＝手取りの給料ということになります。給与明細にはこの2つの項目しか載っていません。しかし、実はこの一段階前に、会社負担分の社会保険料を引く前の金額があるわけです。

図2の真ん中の棒グラフは天引き前の給料で、給与明細に記載されている金額です。さらに、金額の多い左側の棒グラフも、社会保険料は控除してから税金が計算されます

図２　社会保険のからくり

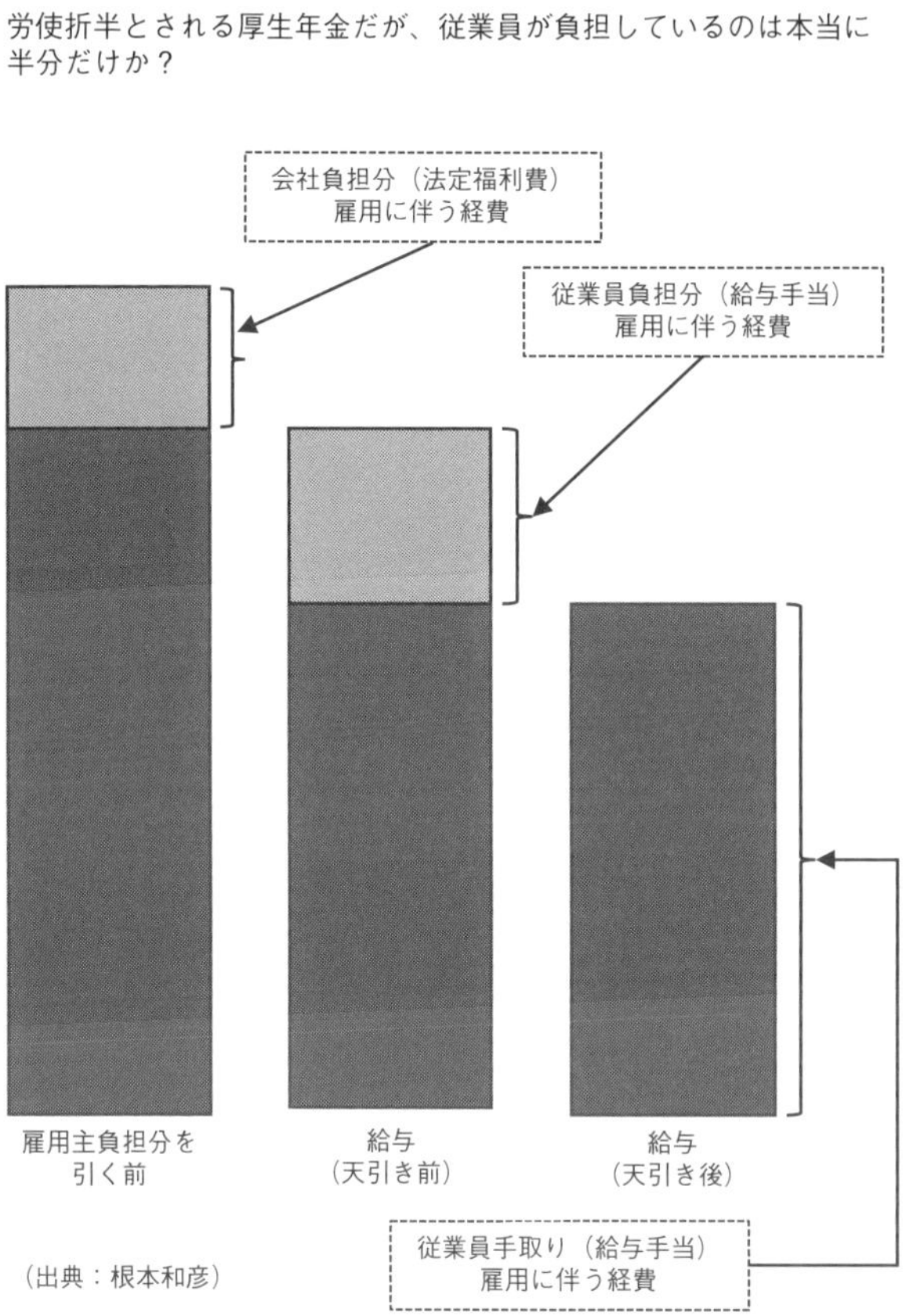

労使折半とされる厚生年金だが、従業員が負担しているのは本当に半分だけか？

（出典：根本和彦）

ので、15％負担という明細であっても、30％負担という明細であっても、実質的な税金の負担は変わらないわけです。

本来は、この３割負担をしているという左の棒グラフのような給与明細を見せないと、本当の負担が給与所得者にはわからないのですが、見せていないということです。そして「３割（30％）負担」という言い方をせずに、「15％の負担です」という言い方をしています。

それはなぜかというと、「ねんきん定期便」というハガキが皆さんの元に届くと思いますが、その上に、「これまでの保険料納付額（累計額）」という項目があります。

ここに書いてある金額の注意書きは、同じハガキの裏側に書いてあります。その文面は、「加入時の報酬に加入当時の保険料率を乗じた被保険者負担額のみを表示しています」というものです。つまり、これは労使折半をした従業員負担額のみを表示していますということです。先ほどの15％の負担額だけ表示しているということですね。

では、実質的に負担しているその30％の金額を書かないのはなぜでしょうか？

それは、30％の金額に変えてしまうと、平均余命（寿命）まで生きたとしても、自分が払った分の年金保険料が戻ってこないということになってしまうからです。

今現在（２０２４年３月末）の年金制度では、平均余命まで生きていれば、自分が払った保険料は全部返ってきますという説明をしています。ただしこれは、15％の負担の場合です。

しかし本当の負担額である30％が戻ってきますと言ってしまうと、実は97歳まで長生きしなければ、自分が払った分が返ってこないということになり、国民の反発が大変なことになってしまうからです。

そのため、政府をはじめ大手マスコミも、労働者が負担するのは、労使折半の15％の社会保険料だけですよという不文律が出来上がっています。

もしある専門家が、これは政府のまやかしで、実は皆さんが負担しているのは30％ですということを言ってしまうと、政府から叩かれて、二度と政府の会議などには呼んでもらえなくなるでしょう。そのため、多くの専門家は、実は社会保険料の負担は15％でなく30％であるということをわかっていても、あえて言わないのです。

図3　国民負担率の国際比較

（財務省資料より）

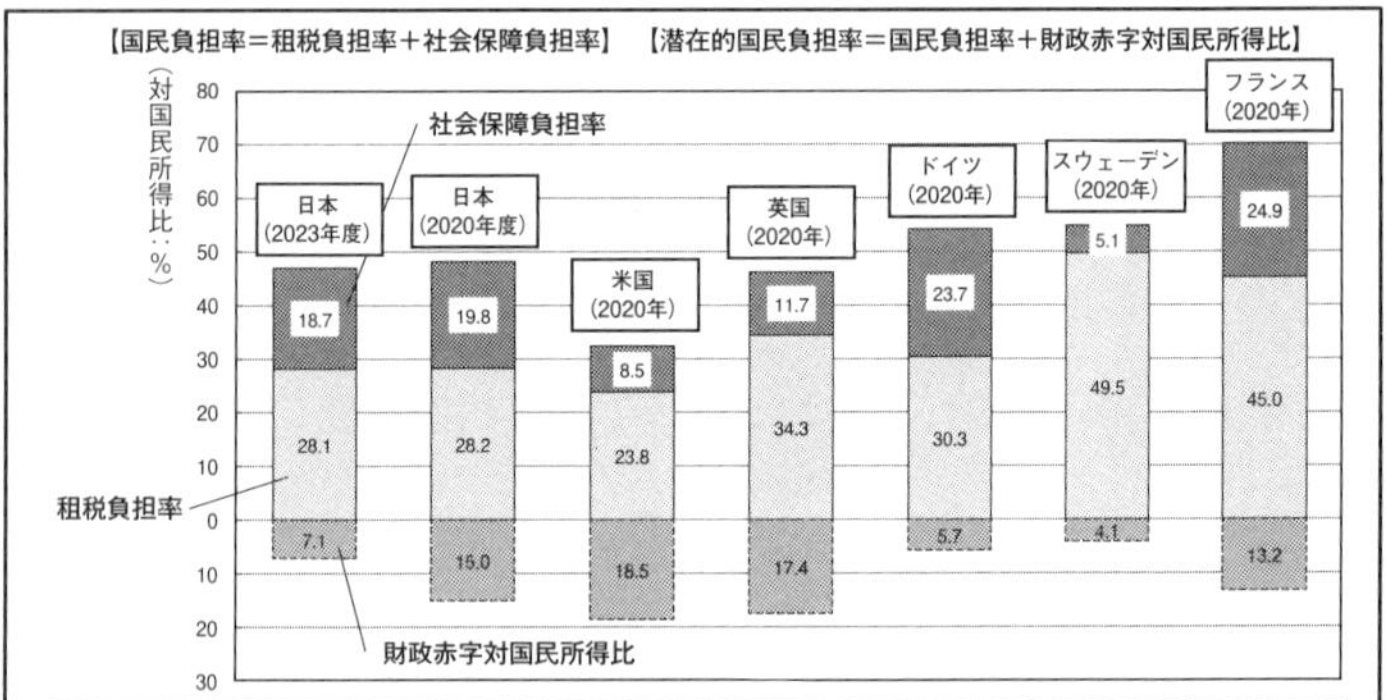

	日本（2023年度）	日本（2020年度）	米国（2020年）	英国（2020年）	ドイツ（2020年）	スウェーデン（2020年）	フランス（2020年）
国民負担率	46.8(34.5)	47.9(33.5)	32.3(26.1)	46.0(34.7)	54.0(40.7)	54.5(36.7)	69.9(47.5)
潜在的国民負担率	53.9(39.7)	62.9(43.9)	50.8(41.1)	63.4(47.8)	59.7(45.1)	58.6(39.5)	83.0(56.7)

（対国民所得比：％（括弧内は対比）GDP）

（注1）日本の2023年度（令和5年度）は見通し、2020年度（令和2年度）は実績。諸外国は推計による2020年暫定値。
（注2）財政収支は、一般政府（中央政府、地方政府、社会保障基金を合わせたもの）ベース。
ただし、日本については、社会保障基金を含まず、米国については、社会保障年金信託基金を含まない。

（出典）日本:内閣府「国民経済計算」等OECD “National 諸外国:Accounts” “Revenue Statistics” “Economic Outlook 112”（2022年11月）

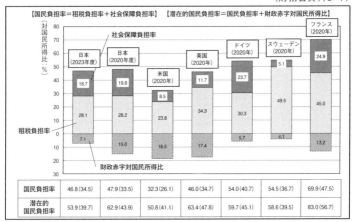

日本が北欧福祉国家のように幸せになれない理由

僕は「日本嫌い」ではありません

YouTubeで会議などをやっていると、よく「ひろゆきさんは日本が嫌いなんですか？」という質問をされることがあります。

おそらくこういう人が言っている日本とは、日本という国土の上に日本民族が住む国のことだと思います。ただ、僕は長期的に見れば、日本という国にアメリカ人や中国人が住んでもいいと思っています。

なぜなら、今の少子化によって、その日本民族が年間70〜80万人くらいは減っているからです。80万人というと、だいたい山梨県の人口と同じくらいです。また、太平洋戦争のときには3年半余りで310万人くらいの日本人が死んでいるんです。1年に換算すると約80万人になりますので、例えは悪いかもしれませんが、現在では太平洋戦争の頃と同じくらい日本人の数が減っているということです。

それだけ多くの日本人を減らしている原因は、自民党と公明党が行っている政策です。与党の政策の結果として、子どもが増えずにひたすら減少しているんです。

だから僕は、もし長期的に日本民族が住む日本という国を維持したいと思うのであれば、今の政府のやっている政策は間違っているんじゃないですか、ということを指摘しています。あるいは、もし政策が変わらないのであれば（実際、変えることは難しいと思いますが）、単一民族の国ではなく、外国人が居住してもいいのではないかと思うのですが、日本からかなり離れたフランスに住んでそういうことを言うと、なぜか「日本嫌い」と言われてしまう謎の状況に陥っているのです。

フィンランド国民が「幸せ」な理由

国連の持続可能な開発ソリューション・ネットワーク（ＳＤＳＮ）が２０２４年３月20日に発表した「世界幸福度報告書」によれば、世界の生活満足度において、フィンランドが7年連続で幸福度ランキング首位となりました。

日本は51位、前回15位の米国は23位でした。また、２位はデンマーク、３位はアイスランドと、上位は北欧の国々が独占しています。

北欧の国々が生活の満足度が高く、日本が低い原因はいろいろあると思います。

僕なりに分析すると、まず、フィンランドには私立の学校がほとんどありません。日本では、私立の有名校はよい学校で、たとえば慶應の幼稚舎から慶應大学に進むのがエリートだとか言われます。一方で、偏差値があまり高くなくて比較的容易に入れるような公立の大学などはあまり評価されません。

ところがフィンランドでは、日本のように大学が知名度やブランドで分け隔てされることがありません。皆どこの大学へ行っても同じように一生懸命勉強します。

フィンランドでは、学校の先生になる人は皆、大学院卒の修士です。日本の場合、大学の学部卒でも教員にはなれますが、フィンランドでは大学院を出ていないと教員になれないのです。

大学院を出ているというだけでなく教養もあり、たとえば子どもたちからどんな質問をされても答えることができます。

フィンランドの学校では宿題がなく、子どもたちが好奇心や興味を持った分野を伸ばすことに力を入れています。極端な話、授業中に生徒が木登りがしたいと言えば、実際に木登りをやってしまったりします。そこでどういう木が登りやすくて登りにくいか、木登りがうまい人と下手な人の違いはどこにあるのか、この木に生息している昆虫は何なのか、といったアプローチから子どもたちの好奇心を引き出していくのです。

図4　世界幸福度ランキング

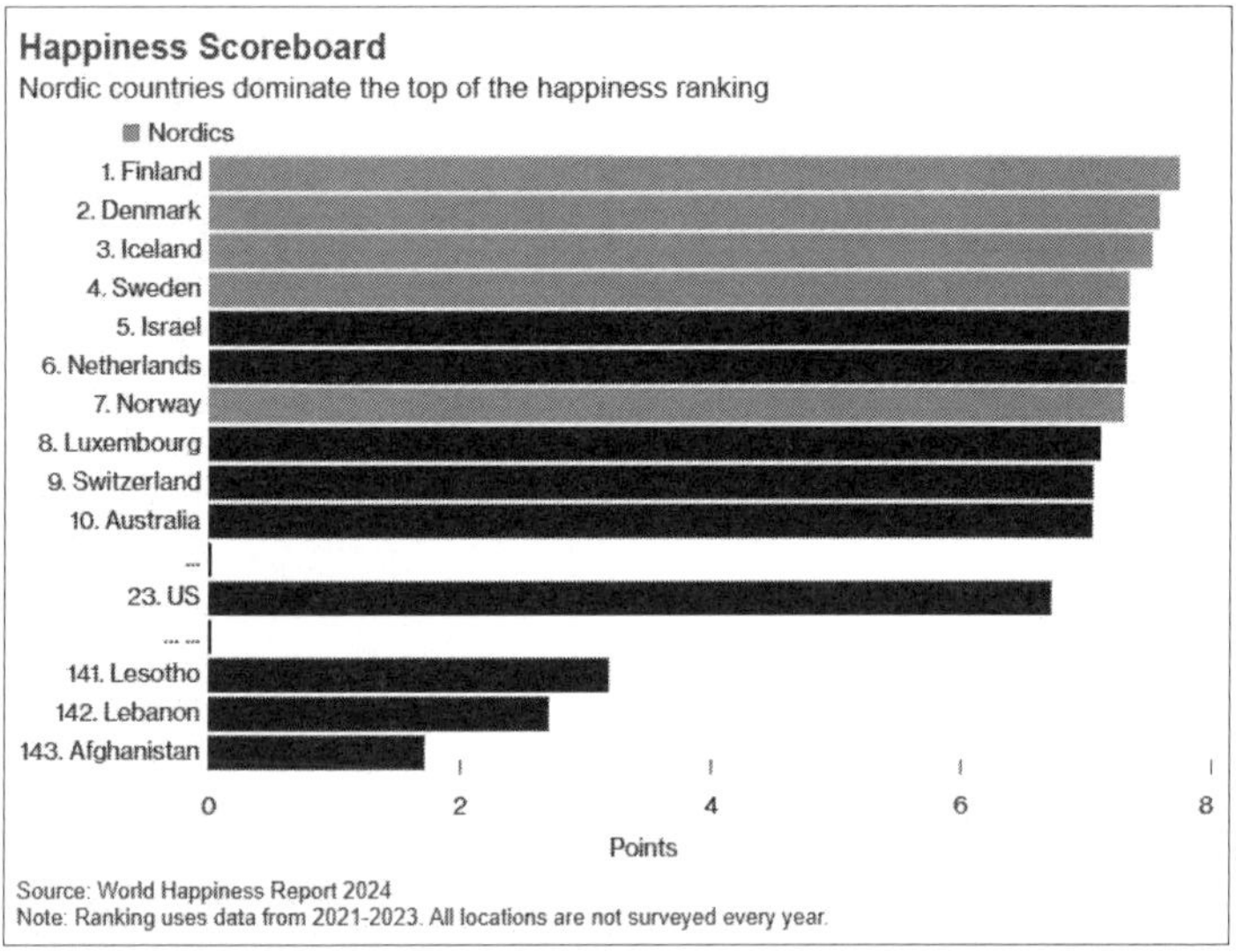

（出典：World Happiness Report 2024）

「世界幸福度ランキング」ではNordics=北欧の国々が上位を占める。
アメリカは23位、日本は上のグラフにはないが、51位そういうとき、日本の先生は、たとえば歴史の担当だったら、生物のことを子どもから聞かれても答えられないのです。しかしフィンランドの先生は、たいたい子どもの質問にまんべんなく答えられるような教育を受けています。もしわからない場合でも、詳しい人に聞いてみようとか、本で調べてみようとか、調べる方法を知っていて、それを子どもに教えるのです。

また、日本の教育では、国語、英語、数学、社会、理科など、すべての科目でよい成績が取れることを目指します。そうしなければ大学に入れないし、大学に入れないと給料の高い会社にも入れず、苦労しなければならないという恐怖感から、興味のない科目も一生懸命勉強して、お金がなくても奨学金をもらって大学に入ることを目指します。

一方で北欧の人たちは、得意な科目は1つか2つあればいいんじゃないのという考え方なのです。大学も無償なので奨学金などは必要なく、勉強したい人は大学に行き、勉強よりもパンを焼くほうが好きだという人は、大学に行かずにパン屋になります。パンを焼いたり洋服のデザインをしたりするのに大学は必要ないと思えば行かないし、やっぱり店を開くためには経理の勉強もしておきたいという人は、その時点で大学に行っても構いません。

もちろん経済なり金融の勉強がしたいという人は、大学に行って専門の勉強をします。

目的を持って入学するので、一生懸命勉強して高度な知識を身につけ、社会に出て銀行に入ったときには優秀なバンカーになっています。

日本の場合、一度高卒で仕事を始めて、途中で何か別のスキルの必要性を感じて大学に行きたいと思っても、そこから大学に入り直すためには、相当なエネルギーを必要とします。つまり日本では、やり直すということが簡単にできず、そのため、やりたくない仕事でもなかなか辞めることができないのです。

無職でも生活が保障されている

それからもう1つ、フィンランドをはじめとする北欧の国々の特徴として、「無職になっても食いっぱぐれない」ということがあります。

福祉国家なので、仕事を辞めても無職の間は失業手当が出るし、失業している最中に職業訓練学校などに行けば、その手当も出ます。

そのためか、僕が聞いた限りでは、フィンランドにはいわゆる「ブラック企業」がないらしいのです。日本の場合は、仕事を辞めると1年間は失業手当が出ますが、その後は収入のあてがなくなってしまいますので、なかなか仕事を辞めることができません。

その結果、ブラック企業にいつまでもしがみついて、挙げ句の果てには体調を崩したり、心を病んでしまったりするのです。

しかし、フィンランドの場合は、ブラック企業でとても仕事をやってられないという場合には、いつでも辞められますし、また解雇も怖くないので、違法な会社があればすぐに通報します。そしてブラック企業はどんどん淘汰されていくのです。

フィンランドに限らず、北欧の国々は得てしてこのような感じです。社会のシステムが、不幸な人を作らない方向で動いているのです。

日本人は果たして「幸せ」なのか？

僕は何も日本が福祉国家になったほうがいいと言っているわけではありません。国民1人当たりの収入を増やして国民全員が豊かになれば、そもそも国の手当を当てにしなくても食いっぱぐれることにはならないでしょう。

しかし、その際にGDPという指標はあまり当てになりません。GDPという経済指標においても、日本は中国に抜かれ、またドイツにも抜かれましたが、まだ世界第4位の地位にいます。

しかしGDPという数字は、たとえばイタリアなどでは、マフィアの活動費などもそこに含めていました。売春や麻薬なども、一応その国の経済を回してお金を使っている

図 5　世界の労働者の賃金の推移

(1) G7各国の名目賃金の推移

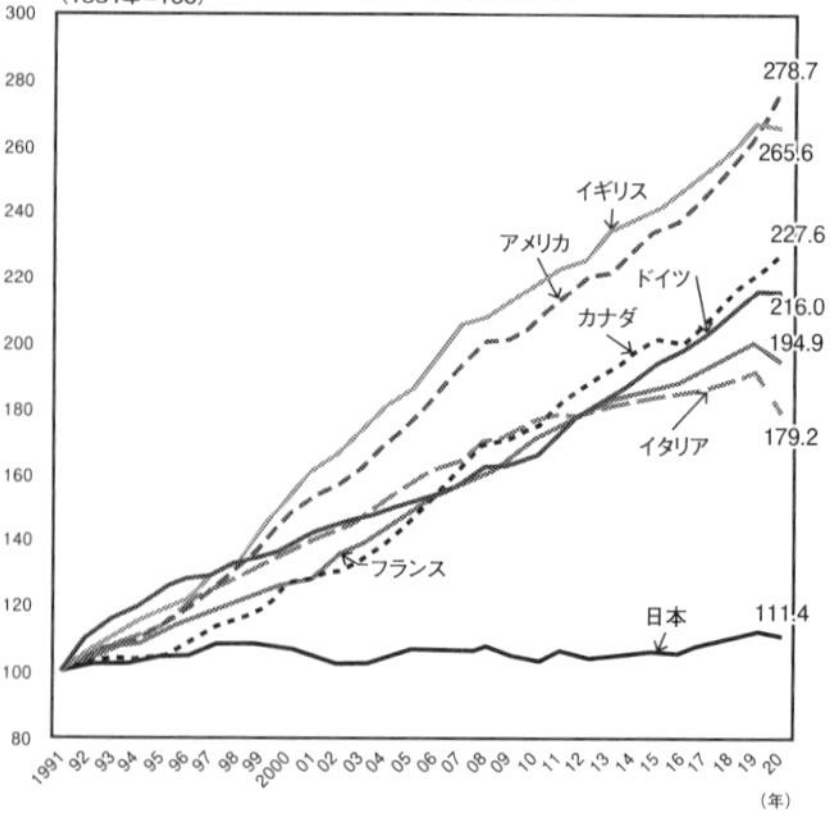

(2) G7各国の実質賃金の推移

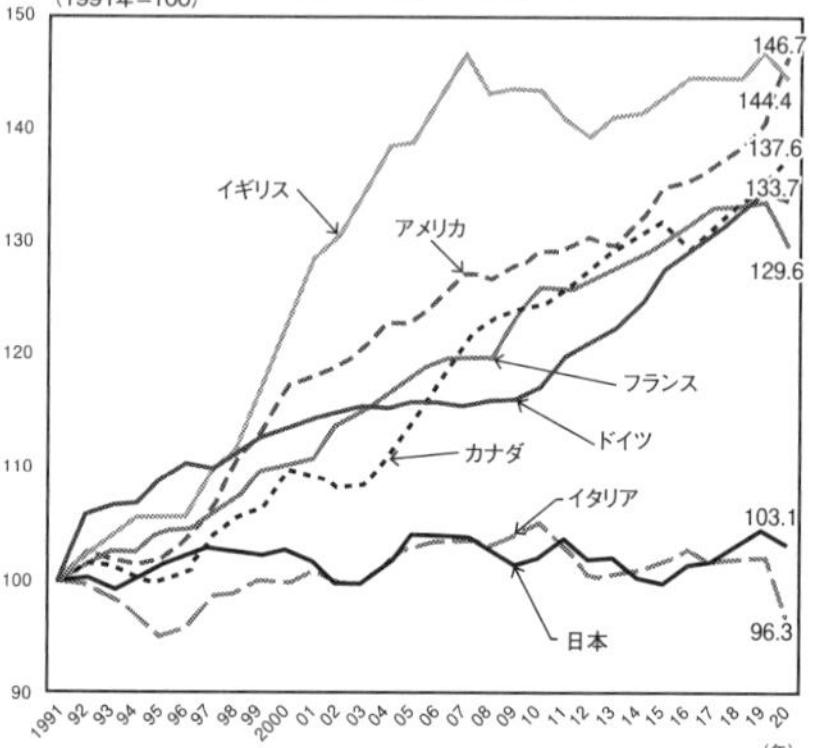

資料出所：OECD. Stat における Average Annual Wages により作成。購買力平価ベース。
(注 1) 1991 年を 100 とし、推移を記載している。なお、OECD によるデータの加工方法が不明確なため、厳 密な比較はできないことに留意。なお、日本の計数は国民経済計算の雇用者所得をフルタイムベースの雇用者数、民間最終消費支出デフレーターおよび購買力平価で除したものと推察される。
(注 2) 名目賃金は、OECD が公表する実質賃金に消費者物価指数の総合指数を乗じることで算出している。

からという考え方なのですが、マフィア経済の売り上げが上がることで国民が幸せになるとは思えません。

さらにEU加盟国は、財政赤字をGDP比3%以下に、公的債務残高の上限をGDP比60%以下に抑えなければいけないというルールが定められています。そのため、極端に言えば、GDPの数字を無理やり大きくするというようなこともやっているのです。

その意味では、GDPをその国の幸せ度の指標として見るのであれば、購買力平価換算の1人当たりGDPなどを見たほうがいいでしょう。この点で日本は、2023年時点で36位くらいと言われています。これは実質賃金の低迷や高齢化の影響が背景にあると考えられています。

加えて日本では、貯蓄ゼロ世帯が全年代で増え続けています。金融広報中央委員会が公表している「家計の金融行動に関する世論調査（令和4年）」を見ると、20代から40代の世帯で、2人以上世帯、独身世帯ともに20～40%の世帯が貯蓄ゼロの状態です。

所得についても、30年くらい前は日本と米国の平均所得はあまり変わらなかったのですが、現在では大きな格差がついています。

米国のビジネス誌『Forbes』によれば、2023年の米国の労働者の平均年収は5万9428ドル（約889万円 ※2024年3月末時点の為替レート）ですが　公的な統計でも700万円くらいといわれています。一方、日本の場合、国税庁が報告した「民間給与実態統計調査（令和4年分）」によると、給与所得者の1年間の平均給与は458万円です。

日本はGDPが世界第4位であることから、裕福で国民も幸せだと諸外国から思われているようですが、その実態はかなり悲惨なものです。

唯一、日本が諸外国に誇れるのが「治安」でしたが、それすらも今は危うくなっています。

2022年1月、SNSで、沖縄の高校生が警察官に警棒で殴られたという情報が広まったのをきっかけに、沖縄署に若者ら約400人が押しかけ、庁舎や車の窓ガラスなどを破壊するなどの暴動を起こしました。

僕は以前、著書の中で、こういう若者の暴動がいつか日本でも起こるだろうと警告していました。欧州に住んでいると、若者の暴動は珍しいことではありません。そしてそれらの暴動に共通しているのは、誰がどういう目的で暴動を引き起こしているのかがわからないということです。

2011年にロンドンで起きた若者の暴動事件の場合、直接的な原因は、大学の授業料値上げに対する反対運動でした。また2018年から2019年にかけてフランスで起きた「黄色いベスト運動」も、きっかけは燃料価格高騰などに対するデモでした。しかし、いずれの場合も、最終的には群衆が暴徒化しています。

結局、暴動のきっかけとなった原因はあるにせよ、若者が暴徒化するのは、エネルギーの余っている若者が暴れたくなったり、どさくさに紛れて商店から物を盗み出したりということをするからです。仕事もお金もなく、暇を持て余している若者のエネルギーというのは、そういう暴動などが起きたときに、爆発して制御ができなくなることがあります。

日本でも個人単位では、電車の中で火災を起こしたり、街の中で無差別に人をナイフで刺したりするなどの事件は起きていますが、こうした暴動が集団で起きるということはあまりありませんでした。

その意味では、沖縄で起きた若者たちの暴動は、日本の治安の良さや、安全神話という概念を覆すものでした。

今後も日本政府の行う政策が、国民にとって不幸せな状況を作り出すものであり続ければ、日本でも欧米諸国のような暴動が当たり前に起きるようになっても不思議はありません。

日本ではなぜ税負担が減らないのか

日本で税金が減らない2つの理由

以前、日経テレ東大学というところで元行政改革担当大臣の渡辺喜美さんと対談をしたことがあります。そのとき渡辺さんは、次のようなことを言っていました。

「国会議員は、何らかの利益代表の人が非常に多い。たとえば、国土交通省族といわれる人たちは、地元の村にダムを造ったり、新幹線を通したりして、地元に何かしらの利権を持ってきてくれる。そういう政治家は、『いい政治家』になります。もちろん、地元にとっての『いい政治家』です。結果として、地元に巨額の予算と仕事が流れるからです」

地元に国の予算を引っ張ってくるためには、増税して国が潤沢に予算を持っていたほうが好都合です。たとえば日本の予算が50兆円しかなかったら、各都道府県に配ったとしても1兆円ずつにしかなりません。しかし国家予算が100兆円になったら、一つの都道府県につき2兆円が配られます。

国の予算は国民の税金で賄われています。たとえば国土交通族の国会議員が地元にダムを建設したいということで、まとまった予算が必要になる場合、その予算は消費税率の引き上げなど、日本人全員から広く薄く徴収されます。

もしダムの建設予算が４０００億円だとして、地元に４０００億円の予算を引っ張ってくるために国民全体に少しずつ負担を強いることになったとしても、その国土交通族の議員にとっては「知ったこっちゃない」のです。

地元の有権者たちは、自分たちの市町村などに予算を引っ張ってきてくれるその政治家を支持します。そして政治家は自分が政治家であり続けるため、財務省を使って国民から税金を徴収します。財務省としては、政治家から予算を増やせと言われたらそうするしかないのです。

かつて１９９０年代頃の日本では、官僚といえば絶対的な力を持っており、政治家ですら官僚の反対に遭うと、政策を推し進められないこともありました。

ところが２０１４年、内閣人事局ができたことによって、この権力の構図は一変します。政治家が省庁幹部人事を一元管理する内閣人事局ができたことで、官僚が政治家に媚びへつらうようになったのです。

森友学園への国有地売却問題をめぐる財務省の決裁文書改ざん問題などは、その象徴的な例でしょう。

こうして財務省さえも操れるようになった与党政治家は、ある意味増税も自分たちの意のままに行えるようになったのです。

消費増税賛成派が増えている？

景気を回復させるためには、減税が1つの有効な手段となります。しかし、この「減税」という正解にたどり着く国会議員は、全体の半分以下でしょう。

現状では、減税を強く主張しているのは、日本共産党とれいわ新選組くらいでしょう。しかし日本の大多数の有権者は自民党と公明党に投票し、この与党2政党に過半数の国会の議席を与えているのです。

そして、この過半数を占める自民党と公明党は、減税をしようなどと考えていません。

さらに言えば、増税か減税かが決まるのは、税金を支払う側と税金をもらう側の比率で決まります。当然ですが増税で困るのは税金を払う側の人で、反対に税金をもらう側の人は増税をむしろ歓迎します。

そしてこの税金をもらう側に当てはまるのは、政治家だけではありません。日本の人口の3割を占める年金受給者も、実は税金を「もらう側」なのです。

65歳以上で年間158万円までの年金受給者にとって、所得税や法人税の税率が上がっても、まったく関係ありません。自分がもらう年金には影響がないからです。むしろ増税して社会保障費もどんどん増やしてくれたほうが自分たちの年金生活が安定するので、増税賛成派のスタンスを取ります。

ただ、消費税に関しては、年金受給者も可処分所得が減るので、増税に反対のスタンスを取る人も多いです。

世の中的には、朝日新聞などが行っている消費増税のアンケートなどを見ると、増税「賛成派」もしくは「納得派」「現状維持派」が増えています。

これらの回答をしているのは、自民党支持層や「社会保障充実のためには消費増税もやむなし」という考えの人たち、医療サービスや生活保護を受けている人たち、そして年齢的には50歳以上の人たちです。

40代以下の若い年代層の人たちからすれば、消費増税は目に見えた負担になりますが、医療サービスや生活保護を受けている人たちからすれば、消費税減税⇓社会保障減額⇓自分たちの取り分が減る、という構図が思い浮かぶのです。

このように、増税賛成・容認派は増えていても、年金受給者の中には消費増税に反対する人も多いので、現状は所得税や法人税を増やす方向で増税話が進んでいます。いずれは消費増税にも話が及んでいくでしょう。

年金受給者が51％以上になった時点で日本は「詰む」

僕は以前、一定の段階で年金を諦めないと日本は滅亡するという話をしたことがあります。なぜなら、日本では平均寿命がずっと延び続けているからです。

わかりやすい例で言うと、今後医療技術が発達して、人間が２００歳まで生きられるようになったとします。そのとき年金制度がまだ続いていたら、どうなるでしょうか？

今なら平均寿命は90歳くらいですから、70歳から年金を受給し始めても、受給期間は20年です。このくらいなら、まだ若い人たちが働いて支えられる金額内に収まります。

しかし寿命が２００歳になったら、１３０年間も年金をもらい続けることになるわけですから、年金制度は間違いなく破綻します。

２００歳は極端な例ですが、身近なところでは年金を受給する高齢者の割合が有権者の51％以上になった時点で、「消費税を減税します」と言っている政治家には投票されなくなります。

つまり年金受給者が51％以上になった時点で、日本は詰んでしまうのです。

金持ちから税金をバンバン取ろう

増税しても国民からの大きな反発を受けず、かつ効果的な方法は、お金持ちからもっと税金を取るということです。いわゆる資産課税です。

日本国民全員が貧乏でお金がないというのであれば、そこからさらに税金をむしり取ることはできませんが、実は日本人の中にもスゲーお金持ちがちょこちょこいるのです。

しかし日本の場合、そういうスゲーお金持ちが、あまり税金を払わなくても済むようなシステムになっているのです。

よく例に出されるのが鳩山由紀夫元首相の母で、ブリヂストン創業者・石橋正二郎氏の長女でもあった鳩山安子さんです。安子さんは、年間配当だけで3億円を超えるブリヂストン株1200万株を保有していたといわれています。その3億円に対してかけられる税金は20％のみで、社会保険料もかかりません。

一方で、市井で一生懸命働いている人が年収1800万円を超えると、それ以上の所得は税金で40％持っていかれてしまうのです。

かつて、フランス人経済学者のトマ・ピケティ氏は『21世紀の資本』という著書の中で、「r>g（rはgより大きい）」という法則を発表しました。「r」は資本収益率のことで、

図6　ピケティの法則

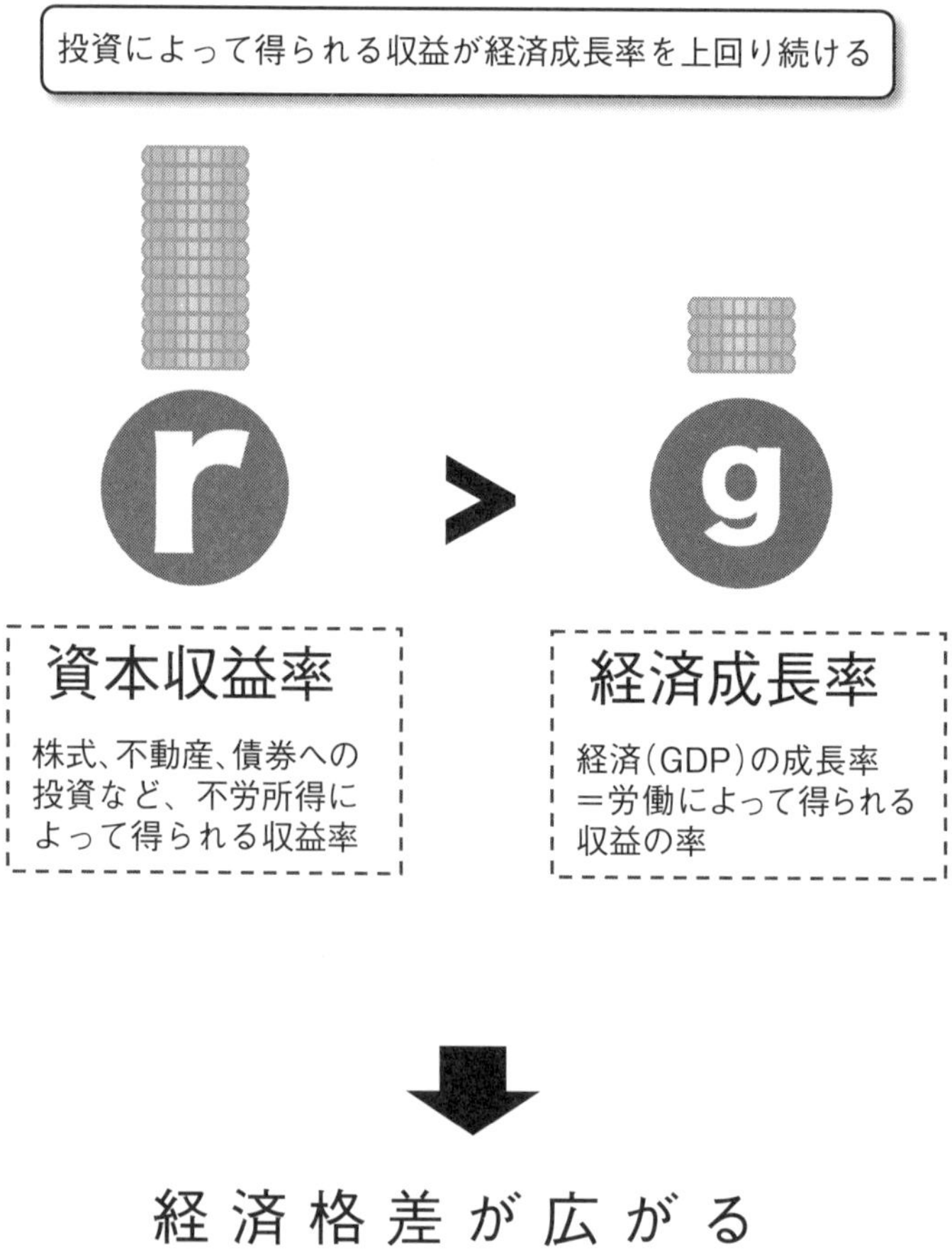

投資によって得られる収益が経済成長率を上回り続ける
r
>
g
資本収益率
株式、不動産、債券への投資など、不労所得によって得られる収益率
経済成長率
経済（GDP）の成長率＝労働によって得られる収益の率
経済格差が広がる

株主や地主が投資で得られる収益率を指します。「g」は経済成長率のことで、労働によって得られる給料の伸び率といえます。

ピケティ氏は400年分くらいの資料を調べた結果、この公式を導き出し、株や不動産、債券などへの投資で稼ぐほうが、働いて稼ぐよりも、より効率的にお金が稼げるということを証明しました。

つまり、鳩山安子さんのように、常人には考えられないほどの財を築いてしまうと、あとは配当などで回していくだけで、勝手にお金が増えていくのです。

先述しましたが、証券会社の担当者は、お金持ちが聞きもしないのに勝手に新規公開株の情報を教えてくれて、その株を公開前に買えばまたさらにお金が増えていくようなサイクルが、自然に出来上がってしまうのです。

一方の労働者は、一生懸命働いて年収を増やしても、税金や社会保険でごっそり持っていかれてしまいます。貯蓄や投資に回す資金もままならず、資産家など夢のまた夢という状況です。

常識的に考えても、この格差は不公平と言わざるを得ないでしょう。そのため、お金持ち＝資産家からしっかり税金を取る資産課税を、今後日本でもしっかり行うべきではないかと思うのです。

お金持ちと一般市民の立場が逆転!?

金持ちと貧乏人を逆転させる2つの要因

ピケティの法則で言うと、金持ちはずっと金持ちのまま、貧乏人はずっと貧乏人のままという状態が延々と続いていきます。貧乏人は永遠に金持ちに追いつくことはなく、格差はさらに拡大していきます。

しかし、実はこの状態をひっくり返すことのできる例外が2つだけあります。これを「グレートリセット」と言います。

グレートリセットの1つが「疫病」です。中世の欧州であればペストの流行などがそれにあたります。

病気でバタバタと人が死んでいくと労働者の数が少なくなるので、労働者の価値が急激に上がっていきます。希少価値である労働者を雇うために、経営者は高い給料を払うようになるからです。

同じような現象は、戦時中に食べ物がなくなったときにも起こります。都会でお金を持っていても食べ物がないので、農家に食料を買いに行きます。そこで農家の人が10キロの米を1000万円で売ったとしても、買う人は買うのです。100億円持っている人にとって、1000万円という金額を出すのは痛くもかゆくもないことだからです。当然ですが農家はめちゃくちゃ儲かります。

グレートリセットの2つ目は「戦争」です。これも同様にたくさんの人が亡くなって労働力が不足するので、相対的に労働者の価値が上がっていくのです。

コロナウイルスが全世界に拡大したとき、こうしたグレートリセットが起きるかと思われましたが、コロナウイルスにそれほどたくさんの人口減少をさせるほどの影響力はなく、金持ちと貧乏人の逆転現象が起きることはありませんでした。

ただしグレートリセット自体は、人類にとって幸せな状況ではなく、もし金持ちと貧乏人を逆転させることを人為的に行おうとすれば、大量虐殺のような考えに至ってしまうので、これは単なる現象として覚えておくにとどめたほうがいいでしょう。

ただグレートリセットという現象から言えることは、労働者であっても自分の価値をめちゃめちゃ高めることによって、お金持ちの仲間入りをする、もしくは立場を逆転することも不可能ではないということです。

格差が大きいほうが経済は成長する

ピケティの法則によれば、資産家と労働者の格差は拡大していきますが、世の中的にはそれが悪いことであると捉えられがちです。しかし経済全体で見ると、格差はマイナスの面ばかりではありません。

実は、経済が発展するときは必ず格差が広がっていくのです。たとえばマイクロソフトという会社が現れて莫大な利益を上げたとき、創業者でCEOのビル・ゲイツは、一躍ビリオネアの仲間入りを果たしました。

フェイスブック（現Meta）のマーク・ザッカーバーグ、アマゾンの共同創業者ジェフ・ベゾス、アップルの元CEOだった故・スティーブ・ジョブズなども同様です。

マーク・ザッカーバーグの場合などは、フェイスブックの大株主でもあったため、同社の上場によって大変な大金持ちになりました。

経営者だけでなく、会社の株を持っている役員・社員や周囲の株主の人たちも、一気に資産家、大金持ちになりました。当然これらの資産家と、一般の労働者の間には格差も生じます。しかしこれは、後にGAFAMと呼ばれるビッグテック（超巨大IT企業）で働いていたからこそ得られたチャンスなのです。

実際GAFAMは、米国のIT産業のみならず、米国経済そのものを牽引しています。そしてそこで働く社員や会社の株主はますます資産を増やし、格差を拡大していきます。このようにして、格差が広がっているときのほうが、経済成長は加速するのです。

逆に経済が成長していない国ほど、格差は縮小していきます。たとえばハイパーインフレで経済の破綻したアフリカのジンバブエなどは、貨幣も使えず、産業自体が崩壊したため、経済規模も極端に縮小しました。

こうなると、経済格差もほとんどなくなります。国内で金持ちといっても公務員でせいぜい年収100万円くらいでしょうから、資産0円という人と比べても、その格差はわずかなものです。

しかしビル・ゲイツのように資産が20兆円近い大金持ちと比較すると、年収2000万円くらいの人でも大きな格差ができてしまいます。

このように、経済がうまくいっている国は、結果として経済格差が大きくなるので、そこで経済格差をなくそうとすると、逆に頑張っている人の足を引っ張ることになりかねません。

たとえば、ある会社が儲かっているからといって、法人税を引き上げたら、その会社の成長を止めてしまうかもしれません。儲かっている会社の成長が止まったら、経済格差は縮小しますが、経済の規模も縮小します。

したがって格差が大きいほうが、実は多くの人が幸せになれる可能性が高いとも言えるわけです。

今、多くの人が消費増税に反対していますが、皆さんがお持ちのスマートフォンに有料のアプリを入れて課金すると、その金額の30%くらいはアメリカの携帯会社などから定期的に徴収されているのです。

皆、便利だからということでスマホを当たり前に使っていますが、スマホを使ったビジネスのお金の30%がアップルかグーグルに支払われていると言っても過言ではありません。

実は日本もすでにGAFAMに乗っ取られており、日本政府以上に皆さんはこれらの企業から搾り取られているのです。

これからも格差はどんどん広がっていくと思いますが、優秀な人に頑張って稼いでもらって、働いても稼げない人は働かずにベーシックインカム（第3章参照）で生活できればいいと思います。まあ、なかなか実現するまでに時間がかかりそうですけどね。

第2章

裏金問題でわかった自民党政権の限界

ひろゆき劇場
その2
わー わー
反対
裏金
辞職
俺らから死ぬほど税金ふんだくってるくせに
4000万円も裏金もらいやがって！
かえせ
血税
ダメ 絶対
裏金議員は全員辞職しろーー！
たかが4000万円なのに
そんなに怒らなくても
たかがじゃねーよ！
庶民にとっては大金じゃねーか！
それならもっと怒るべきことがありますよ

あなたが払った税金こんなことに使われてますから
ダム建設900億円
高速道路建設50億円
地元に予算落としたんで一票よろしくね♡
ね？政治家は選挙のためにひくほどお金を地元選挙区に落としてるんですよ
なにーー!!
反対
税
まじひくわーー！
建設現場で抗議してやる!!
わーわーわー
そういう政治家に投票しなきゃいいだけなのに

そもそも税金って何？

社会保障制度とは

その典型的な例が、少子化支援対策。安心して子どもを産んで育てる環境が十分じゃないので、若い世代は子どもを作らなくなり、日本はどんどん少子化の方向に進んでいます。

足りない社会保障を借金で賄うか
国民の負担で賄うか、という問題

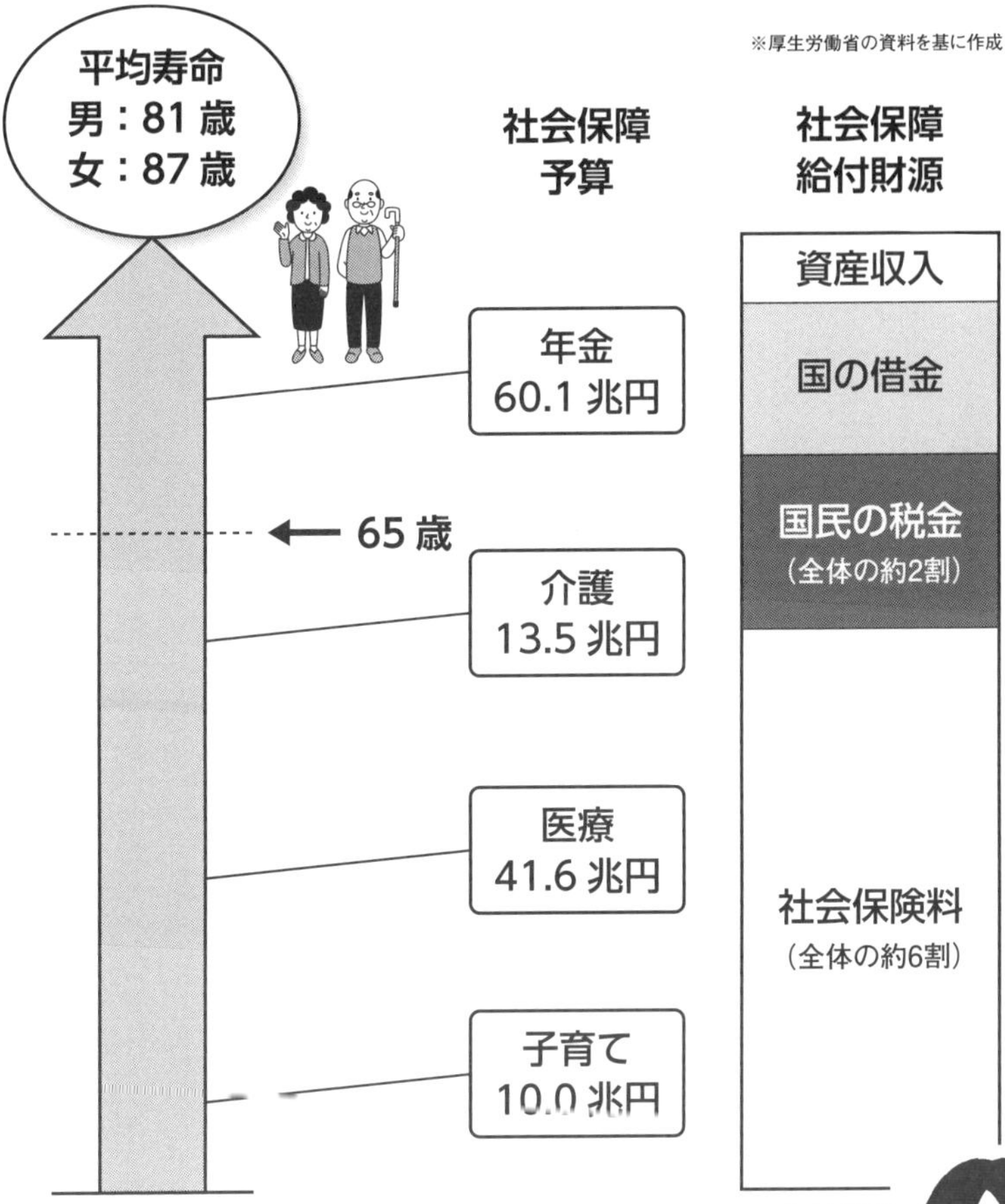

※厚生労働省の資料を基に作成

少子高齢化で年金や医療費の予算は増え続けているが、少子化の影響もあって、若い世代が高齢者を支えきれなくなっている。国もこれ以上借金はできないので、現役世代の税金や社会保険料負担はますます増えることに。

自民党議員の裏金問題がマジ腹立つ理由《わけ》

国会議員の裏金問題はなにが問題なのか？

国会議員の裏金問題が明らかになり、それでなくても政府自民党から搾り取られている国民の怒りが頂点に達しています。

そもそも、この「裏金事件」とはどんな事件なのでしょうか？

この事件を最初に報じたのは、2022年11月の「しんぶん赤旗」で、安倍派など5つの派閥の政治団体が、政治資金パーティーの収入を政治資金収支報告書に記載していなかったと公表しました。

その後、神戸学院大の上脇博之教授がこの内容を調べ直し、自民5派閥の政治団体は2021年までの4年間に、合計約4000万円の不記載があったとして、東京地検に告発状を提出していたのです。

政治資金パーティーの目的は、政治資金を集めることですが、政治家と特定の団体などの癒着を防ぐために、政治資金規正法で次のような規定がなされています。

「1回の政治資金パーティーで同じ人・団体から20万円を超える支払いを受けた場合、名前・金額などを収支報告書に記載しなければならない」

しかし今回、派閥の政治資金パーティーで20万円を超える支払いを受けたケースでも、適切に記載されていないケースが次々と明らかになりました。

派閥の政治資金パーティーに関して、安倍派や二階派では、当選回数や閣僚経験に応じて所属議員に販売ノルマを設けているといわれます。

ノルマ以上の券を売ると、議員個人の収入になるともいわれ、安倍派ではノルマを超えた分のパーティー券収入を所属議員にキックバックしながら収支報告書に記載せず、議員側が着服（裏金化）していたとされています。

裏金問題の概要はこんな感じですが、結局国民の皆さんが怒っているのは、これがタイミングよくこれから確定申告が始まるという時期に明らかになったからではないでしょうか。

そのため、この件で税務署にクレームを入れる事例が多発しているようですが、悪いのは税務署ではなく政治家ですので、気持ちはわかりますが、お間違いのないようにお願いしたいと思います。

確定申告は生産性のない作業

確定申告をやっている人ならわかると思いますが、確定申告というのはめちゃめちゃ面倒くさい作業なんです。

しかもお金を稼ぐということは、自分の技術が向上したり、頑張った成果が数字に反映されたりして達成感もあるのですが、確定申告という作業には、全くそういうものがないのです。レシートをひたすらまとめて、それを入力して表を作るというような、とても後ろ向きな仕事なのです。

仮に青色申告作成の技術が向上して、いかに効率的にできるようになったとしても、それで売り上げが上がるわけではありませんし、誰かに褒められたりするわけでもありません。

マジ面倒臭いだけで、この能力を生かしても何の意味もないよね？　というのに、毎年3月15日までの時期にこの作業をやらなければいけないということで、めっちゃストレスも溜まるのです。

こうして領収書と格闘しながら数百万円の申告に悪戦苦闘している時期に、自民党政治家は4000万円の裏金を申告せず、のうのうとしていることに腹が立つわけです。

李下に冠を正さず

企業から政治家への献金は、過去にも何度も問題になってきました。そこで、企業から政治家個人が寄付を受けることのないよう、政党交付金という制度が設けられたのです。

もともと政党交付金というものがなぜできたかというと、どんな団体からでも寄付を集められるという形にしてしまうと、経団連のような金持ち団体がバンバン政治家に寄付して政治を左右できるようになってしまうからです。それでは結局、金を持っている人たちの意見がまかり通る社会になってしまいます。

それを防ぐために、政党に対して税金でお金を払うことによって、企業からの献金を政治家個人が受けないようにしようというルールにしたのです。その結果、政治家個人は企業からの献金を受けられなくなりました。

ところが今回の裏金問題の場合、派閥のパーティー券購入という形で、企業がそこに寄付をします。そして、派閥が決めたノルマ以上の寄付が集まったとき、その企業を招待した政治家に、余剰金がキックバックされていました。

たとえば、ある自動車メーカーから政治家個人が寄付を受けることはできません。しかし、その会社が派閥のパーティーに寄付をすることはできます。

そこで仮に西村という議員（ひろゆきの名字のことで、前経済産業大臣のことではありません）が、その自動車メーカーを派閥のパーティーに呼び、その会社から4000万円の寄付があったとします。一度派閥に寄付された4000万円は、その自動車メーカーを招待した西村議員に対し、派閥からの寄付（＝キックバック）という形で還流されるのです。

つまり、本来は西村議員が自動車メーカーから寄付を受けることはできないのですが、派閥のパーティーを経由することによって、それが可能になってしまったのです。企業が個人の政治家に寄付してはいけないというルールを、うまく迂回する仕組みになっているのです。

この裏金問題に関して、個人的には、中小企業の経営者でも動かせるような数百～数千万円の金額の寄付を政治家がどうこうしたところで、それが逮捕とか立件とか、公民権停止になって二度と選挙に出られないというような、大ごとにする必要はないと思います。

そもそも日本の政治家には「お金を持ってなさすぎる問題」というのがあるので、もっと自分の裁量で動かせるお金をたくさん持っていたほうがいいと考えています。

ただし、今回の裏金問題は金額の問題ではなく、政党交付金のような制度を作って、企業からの寄付を受けるのをやめようとルール作りをしたにもかかわらず、ルールを作った政治家が率先してそれを守らないのは「一体どうなの?」っていう話なんです。「李下に冠を正さず」という中国の故事があります。李《すもも》の木の下で冠を正すために手を上げると、李を盗もうとしているのではないかと疑われるので、たとえ冠が曲がったとしてもそこで直すべきではないという話です。つまり、悪いことをしているのではないかと疑われるような行動は慎めということです。

裏金疑惑の対象となっている安倍派「5人組」をはじめとする自民党議員も、自分たちが作ったルールを自ら破るような行為は慎むべきだったのでしょう。

結局、今回の裏金問題は、会計担当者との意思疎通が十分にできていなかったとか、うやむやな形で終わろうとしています。岸田首相も初めのうちは派閥の解消とか意気込んでいましたが、結局派閥も政策研究会のような名前でそのまま継続することになりました。

ただこの件に関しては、脱税にあたるのではないかという意見も出ています。そこでまた根本和彦さんの、この問題に関する見解を紹介したいと思います。

元国税調査官から見た裏金問題の終着点

税務署職員の本音

今回の自民党派閥議員の裏金問題が脱税に当たるかどうかということを、元国税調査官の視点から解説したいと思います。

今回の裏金問題の流れを見ると、疑惑の対象となっている議員たちは、「政治資金であれば非課税だ」という理屈を押し通そうとしています。

有識者の間では、これは本来脱税ではないかという意見も出ています。議員個人にキックバックされたお金が政治団体の収支報告書に記載されていなかった時点で、これは議員個人の所得だろうという持って行き方をすれば、脱税で取れた（逮捕できた）可能性もあります。

しかし結局、キックバックが議員個人の収入になるのかどうかという点は、法律の解釈論になります。そして、この解釈論には容易に踏み込めません。なぜなら、この法解釈を行う権限があるのは検察庁であり、国税庁だからです。そして検察庁や国税庁が下した判断が正しいかどうかは、最終的に裁判所で決めることになります。

そのため、まずはこの取り締まる立場である検察庁や国税庁が動かなければ、我々がいくら騒いだところで、裏金疑惑の議員たちが税務調査を受けることもないわけです。

国税庁が動くかどうかについて、国税の忖度という文脈で解説します。そしてその前に、税務署の職員はどう感じているのかについてお話しします。

すでに全国の確定申告会場や税務調査先で、税務職員は「政治家の裏金事件は脱税だろう？」「税務当局は裏金問題をどう解決するんだ？」といった質問を、時には強い口調で納税者から受けていることと思います。

そんなとき、税務署の職員は定型文のように答えます。

「いや、私に言われましても、お答えのしようがありません」

「実際に調査に入ってみないと、判断できないと思います」

「調査に入るかどうかは、所轄の税務署の判断ですので」

このような言い方で、お茶を濁すと思います。下手なことを言うと言質を取られたりしますので、おそらく税務署の中でも「お茶を濁す」ということで、余計なことを言わないよう、意思統一がなされていると思います。

しかし、これは表向きの対応です。実際、現場の税務職員は、内心では「政治家よ、ふざけんな」「俺達に迷惑かけるな」と憤慨していると思います。さらに、この問題は議員個人の収入で、かつ「脱税」であり、もし民間の会社だったら絶対に収入不記載で当然重加算税40％＋延滞税もかかるぞと、激しく思っていることでしょう。

国税庁は、上級国民に対して忖度するのか？

次に、国税庁の動きです。

私が現役の国税調査官のとき、先輩や上司から聞いた情報などを総合的に考えると、国税庁の政治家に対する忖度は当然あります。この裏金問題に関してもそれはあると断言できます。

国税庁長官や財務省事務次官は官僚ですが、この官僚の人事を決めるのは、与党の政治家です。

一定の職種以上、具体的には審議官級以上の人事は、官邸にある「内閣人事局」が行います。そしてこの高級官僚の人事に影響を及ぼせる政治家は、かなり数が限られますが、これらの政治家に嫌われたら官僚として出世はできません。国税局も例外ではなく、そこに政治家に対する忖度が生じます。

また、官僚が退職した後の再就職（＝天下り）についても、一時規制はされたものの、実際は抜け穴みたいな形で続いています。

もし政治家に不利な査察調査（いわゆる「マルサ」による強制調査）などをした場合は、この天下りについても邪魔される可能性があります。したがって官僚は、内閣人事局で権限を持つ政治家のご機嫌を損ねるようなことは決してしません。

内閣人事局は、もともと政治家の決定権を強めるために創設されたものですが、官僚が政治家に媚びへつらうようになるというデメリットも生んでしまいました。政治家は国税庁や財務省の人事権も握っていますので、今回の裏金事件で疑惑の目を向けられている政治家の所へ税務調査が入るようなことはまずないでしょう。

唯一、国税を動かす方法があるとしたら、この裏金問題について国民が騒ぎ続けて問題を風化させず、世論調査などにも反映させていくことです。岸田総理を含め与党自民党の幹部がこうした声を聞き、選挙に対して危機感を覚えるようになれば、そこで初めて税務調査が入る許可を出すことになるでしょう。

結局、我々一般市民としては、世論や投票行動で、この問題の解明を訴え続けるしかありません。これが現実なのです。

今更ですが、自民党って、どんな政党？

自民党の中にも右と左が混在

YouTubeで動画配信をしていると、「自民党ってそもそもどんな政党なの？」「他の政党と何が違うの？」といった基本的な質問をいただくことがあります。

確かに裏金問題のようなニュースが報道されると、政党やら派閥といった言葉が当たり前に出てきますが、それらをちゃんと解説しているメディアは少ないと思います。

そこで、裏金問題だけでなく、国民から搾れるだけ搾り取り、日本の経済を停滞させ、さらに日本の将来も危うくしている自民党という政党について、他の政党と併せて、誰にでもわかるように、ざっくり紹介してみます。

国政の世界には、まず自民党（自由民主党）という与党で政権を担っている政党があります。そして与党に入りたい国会議員たちが、たくさんそこに集まっています。

少し政治に詳しい人は、自民党は保守派で右寄り、それに対して共産党は左寄りというような言い方をします。しかし僕が見る限り、今の自民党の中には右の人も左の人もいます。むしろ「あんた、めっちゃ左じゃやね？」という議員も結構自民党の中にはいます。

右も左も併せ呑んでいるような政党が、なぜ一致して法案に賛成できたりするのでしょうか？　それは、自民党には党議拘束というものがあって、党内の委員会では侃々《かんかん》諤々《がくがく》言い争いをしても、いざ法案を通すという段階になったら党員が一致して賛成票を入れなければいけないというルールがあるからです。

党議拘束のルールに従わない議員は離党しなければならないため、自分の主義主張とは関係なく党の方針に従います。

たとえば、僕がよく主張しているベーシックインカムという政策（第3章参照）があるんですが、自民党の左寄りの議員の中には、ベーシックインカムという政策もありではないかと考えている人がいるのです。

しかし自民党という党が定めたルールに従わなければならないため、自民党としてベーシックインカムには反対するという方針が出されたら、それに従わざるを得ません。本心では、ベーシックインカムの導入に理解を示していても、党の方針に従わざるを得ないのです。

自民党と共産党

このように、国会議員の中で、自分の考えをある程度ねじ曲げてでも与党に入りたいという人は、皆、自民党に入ります。一方で、自分の考えを曲げるくらいだったら政府に入らなくてもいいと考える人たちが、自民党以外の党に行きます。

一番わかりやすい例が共産党（日本共産党）です。ここは志位和夫さんが20年以上党首（中央委員会議長）を務めていて、常に志位さんが決めたルールに従って政策を推進していました。

共産党は「しんぶん赤旗」という新聞を刊行したりして、結構お金を持っています。そのため共産党に入ると、選挙のときの予算を出してくれたり運動員をつけてくれたりするので、お金がない人でも選挙に出馬させてもらえます。共産党の地盤が後押ししてくれるので、政治家になれる可能性も高いでしょう。

共産党は、政党ではありますが、ワンマン社長が経営している会社というふうに考えたほうがわかりやすいかと思います。たとえばソフトバンクグループといえば、孫正義さんは知っていても、孫さん以外の社員はほとんど知らないと思います。共産党も同様で、志位さん以外の議員はほとんど表に出てきません。自分独自の意見を言ってはいけ

図7　日本の政党

衆参両院の会派別議員数

（参議院）　2023年10月19日現在

会派名	議員数
自由民主党	117(24)
立憲民主・社民	40(20)
公明党	27(4)
日本維新の会	20(4)
国民民主党・新緑風会	13(4)
日本共産党	11(5)
れいわ新選組	5(1)
沖縄の風	2(0)
NHKから国民を守る党	2(0)
各派に属しない議員	9(4)
欠員	2
計	248(66)

（衆議院）　2024年2月1日現在

会派名	議員数
自由民主党・無所属の会	259(21)
立憲民主党・無所属	96(13)
日本維新の会・教育無償化を実現する会	45(5)
公明党	32(4)
日本共産党	10(2)
国民民主党・無所属クラブ	7(1)
有志の会	4(0)
れいわ新選組	3(2)
無所属	6(0)
欠員	3
計	465(48)

( )内は女性議員で内数

主な政党と党首

政党	党首
自由民主党	岸田文雄
公明党	山口那津男
国民民主党	玉木雄一郎
参政党	神谷宗幣
社会民主党	福島瑞穂
日本維新の会	馬場伸幸
日本共産党	志位和夫
立憲民主党	泉健太
れいわ新選組	山本太郎

「会派」と「政党」の違いは、会派の機能が国会内に限られているのに対し、政党は一定の政治活動を行う社会的存在であること。そのため、政党に所属していない議員同士で会派を組んだり、複数の政党で一つの会派を構成したりすることもある。

ない政党なので、目立つことがないのです。逆に言えば、目立ちたいと思わない人たちが残り続けているのが共産党です。

結局、与党に入りたい議員は自民党、志位さんの下で頑張りたい議員は共産党、それ以外の議員は、だいたい立憲民主党に入りました。立憲民主党は東日本大震災の頃に一時与党を張っていた民主党が前身ですが、その後分裂と統合を繰り返し、今日に至っています。最近では、元大阪府知事・大阪市長で弁護士の橋下徹さんが創設した大阪維新の会を母体とする日本維新の会が議席を増やしており、民主党にいた元財務官僚の玉木雄一郎さん率いる国民民主党との共闘を模索しています。

「きれいごと」が言える公明党

説明が後になりましたが、今、日本の与党は自民党と公明党が連立を組んで構成されています。公明党は自民党と違い比較的クリーンな政党といわれているので、公明党単独与党を望む声もあるようですが、僕は公明党が単独で政権を取ることには反対です。なぜなら公明党は、基本的に創価学会の信者（学会員）が作っている政党だからです。

公明党の政治家は、すべて創価学会の会員です。日本の国民のことより創価学会のことを優先して考える人たちです。

創価学会という宗教団体に属しているため、信者としてそれなりの地位を得た人が学会の支持を得て公明党の議員候補として出馬しています。創価学会のルールに逆らうような人は選挙に出馬できません。

しかし自民党と連立与党を組んでいる公明党の存在は重要です。なぜなら宗教団体を母体としているということもあって、公明党は正義とか弱者救済という「きれいごと」を、臆面もなく言ってくるからです。

自民党が裏金作りのような泥臭い部分を担っているぶん、連立を組んでいる公明党が「きれいごと」を言ってくれると、うまくバランスが取れるのです。加えて公称800万超の学会信者を擁する公明党との連立は、与党の基盤を盤石にする上で重要です。その意味でも公明党の存在意義は大きいと思います。

主要な政党として覚えておくのは、これくらいでいいと思います。その他は元芸能人の山本太郎さん率いる「れいわ新選組」や、「NHKをぶっ壊す！」と言いながらNHKに対して何もしていない「NHKから国民を守る党」などの小政党が乱立していますが、これらは国政にほとんど影響のない政党なので、覚える必要はないでしょう。

ちなみに山本さんは、バブル期の人気番組『天才・たけしの元気が出るテレビ‼』でメロリンQという不思議な芸を演じていた人です。でも、こういう異色の政治家でなく、ある程度まともな経歴を持っている政治家だったら、自民党や立憲民主党、国民民主党などの宗教やイデオロギーに染まっておらず、それなりに規模の大きな政党に入るでしょう。

これらの政党の中で、僕がどの政党を支持するかといえば、やはり長期的には自民党が政権を持つべきだと思っています。なぜなら自民党の支部は日本中のいろいろなところに存在しているからです。

僕は東京の北区に住んでいたせいか、東京人としての考え方をしがちです。しかし東京の人口は日本の人口のほぼ10分の1ですから、日本では東京に住んでない人のほうが圧倒的に多いのです。そのため地方の人たちがどう考えるか、どうしたら幸せになれるのかということを考えられる政党が日本の政権を担うべきだと考えます。

僕が沖縄県の玉城デニー知事を支持しているのも同じ理由です。「美ら海に辺野古新基地はいりません」というような発言を堂々と行って、沖縄県民の幸せを最大化するための県政を行っているのが玉城さんだからです。

その意味では、国政を担う資格があるのは、各地域に支部を持つ自民党か、旧民主党の立憲民主党、あるいは公明党か共産党ということになります。

そのうち先述したような理由から、宗教やイデオロギーに染まった政党を除くと、自民党か立憲民主党ということになります。しかし立憲民主党も規模の面で全国隅々まで支部を維持することはできていないので、やはり長期的に考えると、僕は自民党が政権を担うしかないと思っています。

国政に期待できない場合は、地方自治体に

ただし、残念ながら自民党が今の政策を続けている限りは、日本はいずれオワコンとなるでしょう。なぜなら今の政策が続く限り、やはり子どもを持てないし、仮に生まれてきても優秀な子どもが育たないからです。岸田首相も異次元の少子化対策などと謳っていますが、その将来像は全く見えてきません。

結局、今の自民党政権のやり方は、昭和の時代のそれをそのまま受け継いでいるのです。議員も有権者も高齢の人たちが中心で、地元の利権が優先、さらには旧統一教会（世界平和統一家庭連合）のような票田を優先しています。まさに伝統的な「昭和のやり方」なのです。僕は「旧統一教会を潰してもよいと思っています」と言えない政治家は、全員辞めるべきだと思います。なぜなら、それは日本をどうするかということよりも、旧統一教会の利益を優先している人たちだからです。

しかし、自民党の中にも、こうした昭和型の政権運営を快く思わない若手の政治家が

います。だから短期的には自民党の議席を減らしてもいいので、昭和型の議員を落選させ、こうした「平成型」の若手議員や、自民党以外の政党の議員に投票するということも必要でしょう。国からこれ以上搾り取られることが嫌なら、今国政に対して国民にできるのはそれくらいしかありません。

国政に期待できない場合は、地方自治体に期待する方法もあります。

たとえば国会議員を経て兵庫県明石市長になった泉房穂さんが市長を退任されましたが、市長時代には子どもの医療費の無料化や、障害者に配慮したまちづくり条例、離婚後の子ども養育支援など、さまざまな効果的施策を打ち出し、子どもをどんどん増やしていけるような地方自治を成功させました。

現役の自治体首長の中にも、元アナウンサーで、今は福岡市でスタートアップ企業の育成などに努めている高島宗一郎・福岡市長、官僚出身で副市長時代に市の危機管理や児童支援に尽力してきた神谷俊一・千葉市長など、若手で仕事もできる方々がたくさんいます。彼らは従来の自民党の今までのやり方とは一線を画した独自のやり方で、子育て支援や教育コストの軽減など、実効性のある地方自治を展開しています。

国政に期待できないという人は、こうした地方の優秀な知事や地方議員に投票し、活躍の場を提供することも効果的だと思います。

良かれと思って間違ったことをやり続ける自民党

首相は「都合のいい存在」

「異次元の少子化対策」を元気よく打ち出しながら、少子化を理由に国民から搾り取る少子化支援対策や、クーポン券など的外れな対策で、すっかり支持率も低迷中の岸田首相。彼自身は、それらをすべて良かれと思ってやっているんだと思います。ただ、いかんせん政策の中身が、先述した「昭和のやり方」なので、令和のこの時代に通用しなくなっているのです。

岸田首相に限らずですが、与党自民党の政治家には、日本を長期的にどうしようかという視点が欠けています。ただ、それは首相を選ぶシステムがそうなっているため、仕方ないことなのです。

首相を誰にするかということを決めるのは我々国民ではなく、国会議員です。首相（内閣総理大臣）指名選挙で国会議員の過半数の票を集めれば、首相に指名されます。国会議員の過半数の票を集めるわけですから、必然的に国会で過半数の議席を占める与党の代表（自民党の場合は総裁）ということになります。

自民党総裁になるためには、国会議員と党員・党友（都道府県連）の投票において過半数の票を獲得する必要があります。党内の票を集めるためには、派閥の支持が不可欠です。自民党の裏金事件で、派閥解消を謳った岸田首相の主張がトーンダウンしたのも、こうした背景があったからではないでしょうか。

こうして派閥や国会議員にとって都合のいい人物が選出されたら、選出された首相は、派閥や与党議員に都合のいい政策を行うようになります。

たとえば建設族議員の地元のダム工事に予算を割いたり、厚生族議員のために医療法人に補助金をつけたり、「なんとか学園」に税金を流したり、といった具合です。

日本がコロナ禍にあったとき、「Go To トラベル」を強引に推し進めたのが、観光族議員である二階俊博・自民党幹事長（当時）であったことは、マスコミなどでも報道されました。たとえ旅行者が日本国内を移動してウイルスを拡散するリスクがあっても、自分に票をくれる人たちのために金をばらまくという姿勢です。

このように、自分に便宜を図ってくれる業界団体や地元にお金をばらまくことを目的にしている人たちが、自民党議員の中には非常に多いのです。

変えられない「昭和」のシステム

一方、政権を担っていない野党は特定の業界や地方にお金をばらまいたりできないので、お金をばらまいてほしい業界団体などは必然的に自民党の議員を応援します。

要するに現段階で、さまざまな業界に金を配り続けられる自民党が過半数を取り、その政党が総理大臣を選ぶので、政策の中身云々は必要ないのです。

こういうやり方は、昭和の時代であれば通用していました。日本の産業も競争力があり海外から収益を上げて、日本人もそこそこ幸せに暮らせていたからです。

しかしこの昭和的なやり方をいつまでも続けて特定の業界団体や地方に金をばらまき続けた結果、本来投資して成長させるべきであったＩＴ産業なども世界に立ち遅れてしまい、少子化対策も後手に回ってしまいました。原因は、議員とそれを支援する有権者の平均年齢が上がりすぎてしまったせいで、ＩＴ産業の将来性が理解できなかったことや、子どもを持つ若い世代の窮状がわからなかったからです。

さらに「聞く力」を得意としている岸田首相の場合は、国民よりも利権を優先する議員たちの話を聞き、彼らに都合のいい政策を行うようになったのです。

「肉屋を応援する豚」になっている自覚がない

今、日本国民が置かれた状況はゆでガエルみたいなもので、多くの国民は自分たちの生活や日本そのものが知らず知らずのうちに悪くなっていることに気づいていないのです。

それは、身近なところに比較対象がないからという原因もあります。高齢の政治家たちが昭和から変わらない政治を行い続け、米国や欧州でどのように産業や社会が変化しているかということを注視してこなかったのです。それは国民も同様です。

たとえばアメリカでは今、労働者の給料がめちゃめちゃ上がっていて、飲食店で働いていても時給が2500円くらいもらえたりする例がたくさんあります。そういう国際的な世の中の変化を知らないので、日本の若者は時給900円や1000円くらいの仕事でも満足してしまうのです。

もし英語圏の人間であれば海外の情報は簡単に入手できますが、日本人の場合はなかなかそうもいきません。情報リテラシーの低い日本人は、政治家にとっても生かさず殺さずの政策を押し付けやすいのです。

今や東南アジアや中国、韓国などでも英語が普及しています。海外の情報に対してブラインド状態にあるのは、日本かロシアくらいです。

ロシアの場合も経済的に厳しい状況にありますが、ロシアの人たちは、わりとその状況を諦めています。共産国時代の昔がひどすぎたので、今はまだましだと思っている人も多いのでしょう。そのため普通にプーチン体制を支持する国民が大勢います。

日本も同様で、海外の国と比べるとかなり就職率も低いし、残業代もまともにもらえない、年金資金も足りないという状況です。多くの国民がそんな状況を我慢してしまっています。要は「聞き分け」が良すぎるのです。

僕はこうした日本人を「肉屋を応援する豚」と表現しています。豚はいつか自分が殺される状況なのに、自分を殺そうとする肉屋の営業を心配してしまうのです。そして最後には屠畜されてしまいます。

日本の政府にとっても、こんな楽な状況はありません。要するに肉屋を応援する豚が多いわけですから。

そもそも国民負担率が5割ということは、給料の半分が国にぶん取られているということです。頑張って年収1200万円になったら、今度は児童手当の給付が打ち切られてしまうような社会です。いつまでも「聞き分けのいい豚」でいると、いつか本当に国から屠《ほふ》られてしまいますよ。

「増税メガネ」の政治的効果

岸田さんは「増税メガネ」と呼ばれたくない

岸田首相がSNS上や各種メディア上で「増税メガネ」と呼ばれるようになりました。ネット上のヘイト発言が問題になり、さらにはルッキズム厳禁の今日の社会で、「増税メガネ」という表現はまかり通っていいのか？　そもそも「増税メガネ」は「悪口」なのか？　それを法律で判断するのは非常に難しいと思います。

仮に悪口だからそれを言ってはいけないよと言われると、政治家に対して使う表現も制限されてきてしまいます。それではロシアと状況は変わりません。

そもそも、岸田首相自身が「増税メガネ」と呼ばれることを容認しています。そこで僕もこの「増税メガネ」を、どんどん言い続けていきたいと思います。

なぜなら、「増税メガネ」と言われている岸田首相は、実はまだ一度も増税をしていないのです。2024年2月に、子育て対策の財源のため、国民に一律500円の負担をお願いするということを発表しました。これは野党などから事実上の「子育て増税」などと批判されましたが、500円の負担は公的医療保険に上乗せする形になっているので、微妙なところではありますが増税ではありません。

また2023年11月には、増税どころか減税を行うと発表しています。具体的には所得税と住民税合わせて4万円の定額減税、住民税が非課税となっている低所得者層に対する7万円の給付です。実施時期は2024年6月のボーナス時期とのことでした。

経済対策とセットになったこの減税の狙いについては後述しますが、一つ言えることは、岸田首相は「増税メガネ」と言われることを気にしていないと言いながら、実は案外気にしているのではないかということです。

岸田さんの立場からすれば、「増税メガネ」と呼ばれている首相が本当に増税をしたら、「やっぱりやったか」ということで、国民から嘲笑されることになるでしょう。プライドが高いといわれる岸田首相にとって、案外それは耐え難いものなのかもしれません。

試しに皆さんも、このままSNSやメディアで「増税メガネ」と言い続けてみてください。僕もそうしますが、そうすれば本当に増税をしないと思います。

ただ、岸田首相のことですので、ステルス増税のような代替手段を講じてくることは想像に難くありません。

減税の目的は、やはり選挙対策か

岸田首相の減税発言は、要するに税金を取りすぎてしまったので、それを「還元」するという形になっています。

しかし本来「還元」というのは、税金をたくさん払った人に戻すものなのではないでしょうか。岸田首相の減税は、税金をたくさん払った人にも少なく払った人にも一律で4万円を配布するというものです。これは還元ではなく「配布」です。

さらに言えば、税金を払っていない住民税非課税世帯に対して7万円を給付するといっています。

この住民税非課税世帯というのはどういう世帯かというと、8割ぐらいが65歳以上の人たちです。基本的に年金と貯金で生活していて、収入はゼロか、あっても少額です。東京都の場合で言うと、65歳以上の夫婦2人暮らしで年金収入のみの場合、夫が211万円で奥さんが155万円、合わせて366万円までの世帯収入だと住民税非課税世帯として扱われます。

イメージとしては月に30万円程度で暮らすという感じです。65歳であればもう子どもを学校に行かせるという負担もないでしょうし、持ち家であれば家賃もかからないので、

図8　岸田首相の減税政策

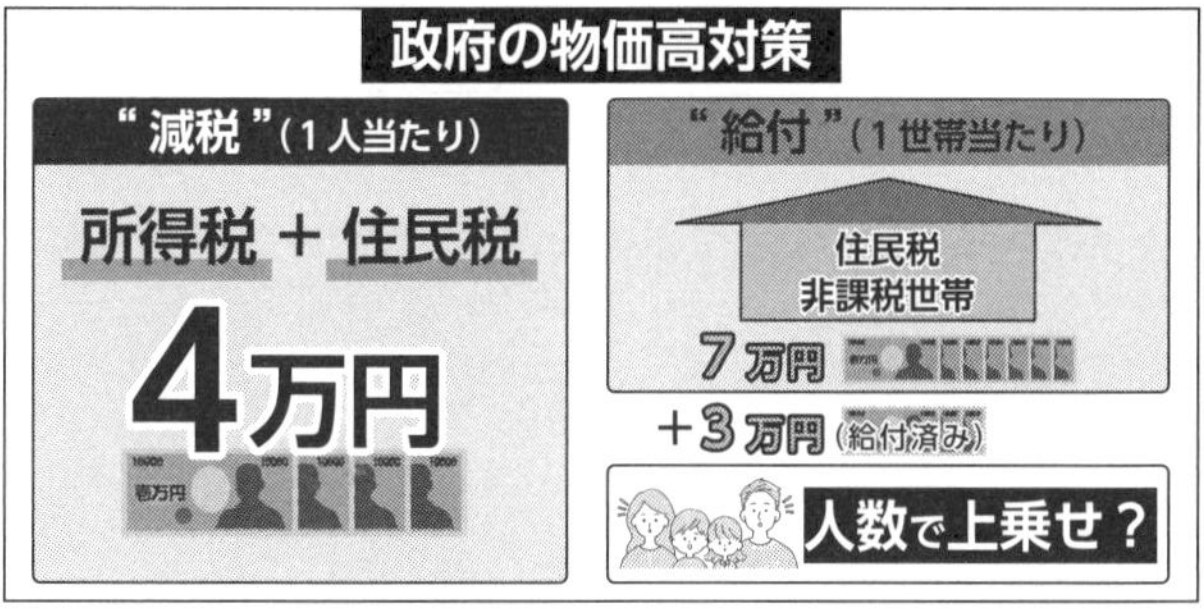

2023年10月に岸田首相が発表した経済対策案。減税は1人当たり所得税3万円と住民税1万円、計4万円（左）。給付は住民税の非課税世帯に対して7万円。さらに2023年春には物価高対策として3万円給付しているので、計10万円の給付になる。

月に30万円であればそこそこ贅沢に暮らせるというわけです。

だから、わざわざそういう世帯に7万円を支給する必要はないと思いますし、給付するにしても、働いている世代が不公平感を感じない程度の少額にするべきなのではないでしょうか。

実は、働いている世代の減税だけでなく、非課税世帯にも7万円の給付をすることになったのは、結局給付金が欲しいという高齢者のニーズに応えた政策だからだと考えられます。

高齢者の多い住民税非課税世帯に手厚く給付をすれば、もともと自民党支持層の多い高齢者が選挙で自民党に投票します。

特に高齢者の投票率は高く、選挙の際には投票所に足を運ぶ人が多いため、そこで安定票を確保できます。

その一方で、働いている世代についても単純に冷遇しているだけではなく、しっかり選挙への効果を考えています。それが6月のボーナス時期に支給するというタイミングの問題です。もし夏に解散総選挙があれば、その直前で減税が実施されるということになります。

岸田首相が単に「増税メガネ」と呼ばれることが嫌で減税を行うとは思えません。やはり選挙で若い層の票も取り込むという狙いがあるのではないでしょうか。

日本に一生住み続ける必要はない

日本の場合は、このように自民党が進めてきた高齢者優遇措置があるので、逆に冷遇された若者が結婚しなくなって子どもを作らなくなって、結果として少子化がどんどん進行しています。

そのため日本の将来を考えるなら、今の国民負担率がどうこうというより、社会が持続可能な状況になっているかどうかということのほうが大事だと思います。

国民負担率が50％であっても持続可能であれば問題ないですし、逆に国民負担率が20％ぐらいでも、明らかに少子化が進んで人口が減っていってしまったら持続可能な社会とは言えません。そして日本の場合は、国民負担率が高い上に人口も減少しているという、最悪な状況です。

日本社会を持続可能な構造にするためには、若い人に納税義務を課さないなどの政策が考えられます。たとえば、住民税を免除するとか、現在富裕層に有利になっている所得税の累進課税を見直し、富裕層の課税を強化する代わりに所得の低い若者の税負担を軽減するというものです。

単純に言ってしまえば、若い人でもそこそこお金を持っている人たちは高い確率で結婚し、子どもも作るのです。ですから若い人にお金を持たせれば、少子化問題を改善する有効な手段となるはずです。

もしそういった政策すらも行われず、日本の将来に不安を感じる人は、将来性があり、自分にとって過ごしやすい国に引っ越してしまうという手もあります。

僕の場合は今フランスに住んでいますが、フランスに来る前にマレーシアの長期滞在ビザを取り、アメリカで10年働けるビザを取り、ラトビアのビザも取得して、どこにでも移住できるような準備はしていました。

もしフランスが住みにくくなったら、ドイツやポーランド、スペインあたりに移住しようかなと思っています。ＥＵは、自分が住みやすい社会システムの国に移住するのが比較的簡単な組織体なのです。

日本に長く住んでいると、日本語しかしゃべれないし、日本という国しか知らないから、このまま日本で死ぬまで生活していくんだと当たり前のように考えている人が多いと思います。

しかしヨーロッパの場合は、むしろ今住んでいる国が住みにくくなったら、他国へ移住するということも当たり前に行われています。フランスの税率が高いからとか社会システムが面倒くさいからということで、隣のベルギーに移ったりドイツやスイスに移住したりするようなことも珍しくないのです。

パリからベルギーの首都ブリュッセルまでは、日本の新幹線のような高速鉄道で2時間程度ですから、東京から名古屋に行くぐらいの感覚で、あまり国境を越えているというようなイメージはありません。住民票だけベルギーに置いてフランスで生活し、税金は安いベルギーに納めているという人も珍しくありません。

むしろそうして人が国と国を移動しやすくすることによって、各国の社会システムがお互いに競争しているのです。住みにくい社会システムだと人が流出してしまうので、いかに住みやすい社会システムにするかということを考えます。お互いの社会システムが切磋琢磨することによって、それぞれの国の社会システムがますます住みやすいものになっていくのです。

参考までに、日本人の海外永住人数は55万7000人といわれています。2022年10月時点で、その人数は20年連続で増加しており、10年前から比べると約14万人増えています。地域別では北米27万4000人、欧州約9万人、豪州・オセアニアが約7万6000人となっています。

「増税メガネ」が行う政策の将来性に不安を感じたら、閉塞状態に陥らないようにして、海外に目を向けてもいいと思います。

日本の産業がオワコン化している理由

日本が大きな政府で失敗する理由

「大きな政府」と「小さな政府」という言葉があります。大きな政府は高福祉国家で高負担、小さな政府は低福祉で低負担というふうに分けられます。

政策の違いとしては、大きな政府では、政府が積極的に経済活動に介入することで、社会資本の整備、所得格差の是正などを行い、経済を安定させます。高い水準の公的サービスを実現するため、税や社会保険などの国民負担は大きくなります。

一方、小さな政府では、減税、民営化、規制緩和、金融引き締めなどを行い、政府の経済活動への介入を抑えることで競争を促し、経済成長を図ります。

日本は高負担という面では大きな政府ですが、一方で民営化や規制緩和などの小さな政府的政策も行っています。

僕の考えでは、日本が大きな政府をやると、より経済が悪くなると思います。なぜな

図9　大きな政府と小さな政府

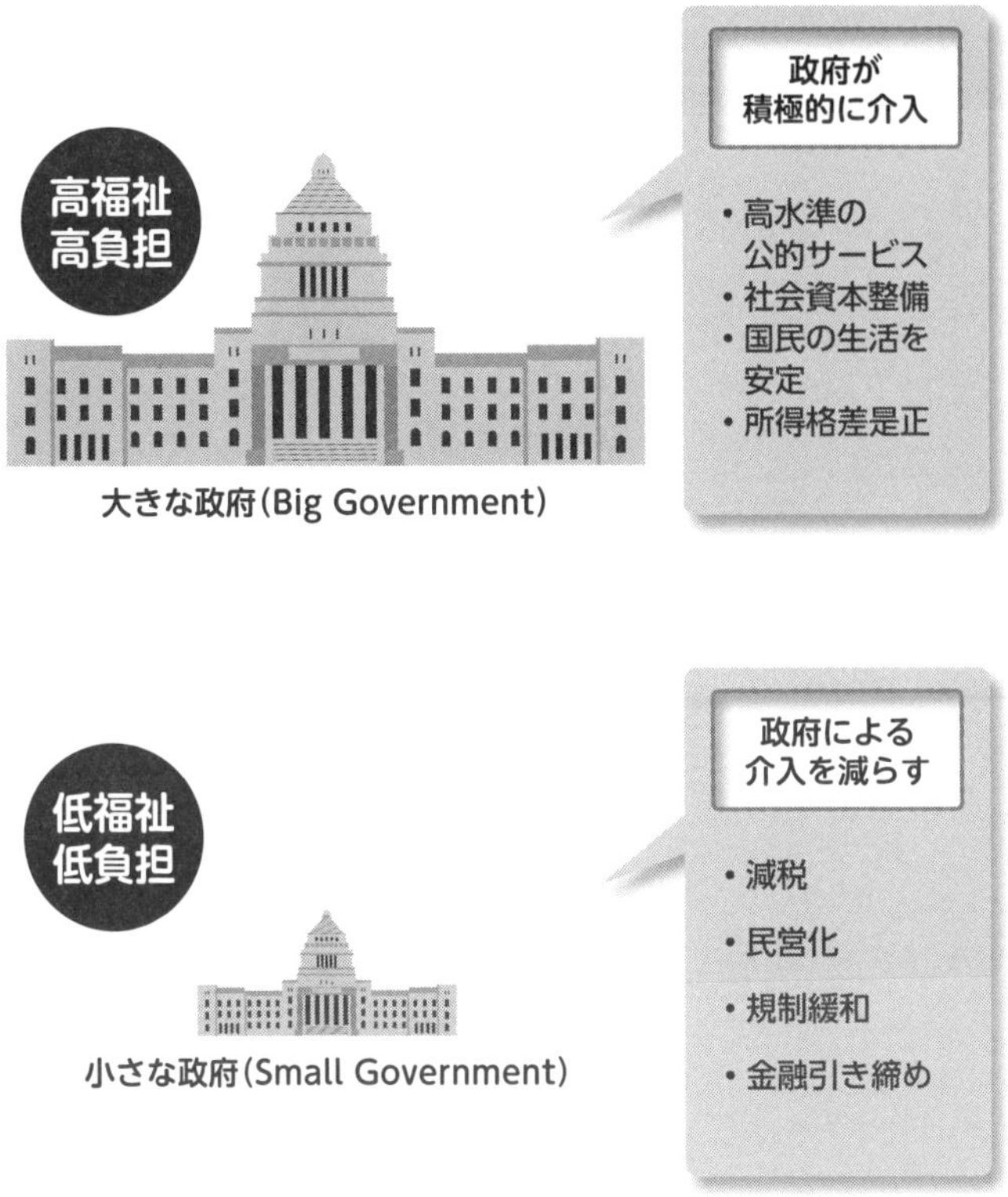

ら、日本の企業は生産性がめちゃめちゃ低いからです。

なぜ生産性が低いかというと、無能な人をクビにしないからです。さらにいろいろなことを人力でやろうとしてしまっているせいで、なかなか機械化が進まない。だから生産性も上がりません。

機械化が進まないのは介護の現場などでも同じです。介護の仕事は人のためになるという社会福祉的な意味合いが強いのですが、決して生産性の高い仕事とはいえません。そういう現場でたくさんの優秀な人材を働かせるのはもったいないので、機械化できる部分は極力機械にやらせたらいいのです。ところが日本の場合、機械化という選択をせず、安い給料で介護の仕事をしてくれる外国人労働者を雇ったりしています。

機械を有効に使って発展した国の例というのは歴史上も枚挙にいとまがありません。しかし残念ながら日本の為政者、経営者には頭の悪い方が多くて、機械化せずに安い人件費を使ってその場をしのごうとしています。

だから日本政府が大きな政府みたいなことをやろうとして、そこにお金をつぎ込んでしまうと、ろくでもないことに使ってしまいます。むしろ小さな政府で規制緩和や民営化を行い、民間活力を導入して競争させ、減税して働く人の労働意欲を高め、新しいイノベーションを開発していったほうが、国にとってより有益だと思います。

日本がIT化で立ち遅れた理由

今や日本はIT技術では完全に米国に後れを取り、GDPベースでは中国だけでなくドイツにも抜かれるなどの凋落ぶりを示しています。僕はこのように日本の産業が衰退し、経済が落ち込んだ原因は、政治家と官僚にあると思っています。

そもそも政治家や官僚が新しい産業を作り出そうとしても、うまくいくわけがありません。なぜなら政治家も官僚もビジネスマンではないからです。

結局、官僚に新しい産業を作らせようとすると、クールジャパンのように、そこら中にお金をばらまいただけで、何も新しい文化が生まれなかったということになってしまいます。

クールジャパンは日本独自のコンテンツであるアニメや漫画、ファッション、食品などを、世界の市場に向けて発信するというものでした。しかしそれらのコンテンツが海外のどんな商圏で取引されるのかというリサーチが十分になされておらず、さらには運営機構自体が、肝心の日本のアニメやファッションなどについて理解していませんでした。結果的には356億円という巨額の累積赤字を出してプロジェクトは大失敗に終わりました。

このように、産業に関してはドシロウトであるにもかかわらず、残念ながら政治家も官僚も自分たちが優秀だと思っているので、自分たちなら新しい産業も生み出せると思い込んでいるのです。

しかし彼らが無能だということは、歴史を見れば一目瞭然です。日本唯一のＤＲＡＭメーカーであったエルピーダメモリを経営破綻させ、ＮＨＫ主導で進めたアナログハイビジョンは見事に失敗して、世界の潮流はデジタルに移っていきました。

産業のことは素直に民間に任せておけばいいと思うのですが、ＩＴ産業に関してはホリエモンこと堀江貴文氏を逮捕してみたり、日産自動車が利益を出し始めたら、その外国人経営者のゴーンさんを逮捕してみたりと、足を引っ張りまくりです。経済政策を行う際には、必ず政治家と官僚が自分たち主導で事を進めようとするのですが、むしろ何もしないほうが、日本の産業は発展すると思います。

さらに、政治家が経済政策をやろうとすると、どうしても利権がらみで自分の支持団体にお金をばらまいてしまいがちです。

日本がコロナ禍にあった中で、無理やり「Go To トラベル」を推し進めた二階幹事長と旅行業界の関係については先述しました。

さらに同時期に行われた「Go To Eat」についても、当時の菅義偉首相の利権がらみの思惑が取り沙汰されています。「Go To Eat」が飲食店よりグルメサイトを儲けさせる制度になったのは、菅首相と「ぐるなび」会長の特別な関係が影響していたともいわれています。

このように、政治家が経済政策をやろうとすると、どうしても仲の良い企業に対してお金を配るというやり方をしてしまうのです。

日本発のクラウドコンピューティングを

日本の産業を発展させる上で、どういう企業が儲かったほうがいいのかということを考えた場合、ＧＭＯやさくらインターネットに多額の予算を突っ込んで、ＡＷＳ（Amazon Web Services）のサーバーサービスや、グーグルがやっているＧＣＰ（Google Cloud Platform）みたいなものを作らせたほうがいいと思います。

今、企業が研究開発に割けるお金は潤沢でないので、クラウドコンピューティングを利用しようと考えると、たいてい主流のＧＣＰ、ＡＷＳ、Microsoft Azureのどれかを選んでしまいます。しかし実は、日本の企業に予算を与えるだけで、同じものが開発できるのです。

誰も作ったことがない新しいものは、本当に天才がいないと作れません。しかしＧＣ

P、AWS、Azureの3つは仕様がわかっているので、日本企業でも作ることが可能なのです。API（Application Programming Interface）レベルで同じような機能を提供するソフトウェアに関して言えば、まだ海外の企業と比べても競争力で劣らないこういう分野に予算を投入したほうが、長期的には日本の産業発展に役立つと思います。

旧式の半導体を作る意味

台湾の半導体メーカーTSMCと日本のソニーが合弁で熊本に半導体工場を造り、2024年2月に第1工場の開所式を行いました。そこにつぎこまれた税金は4000億円、続く第2工場と合わせると1兆2000億円ともいわれています。

ここで注目したいのは、この工場で作るのが「22〜28nmプロセス」「12〜16nmプロセス」の半導体である、ということです。

現在TSMCが作っている最新の半導体は5nmプロセスで、最新のiPhoneやMacBookに使われています。それに対し、熊本工場では、何世代も前の技術である「22〜28nmプロセス」半導体を作るというのです。

なぜこのような旧式の半導体を製造するのかといえば、自動車の制御に使われるLSIや、ソニーのカメラなどに使われるイメージセンサーの裏に搭載されている「ロジッ

図10　半導体の変遷

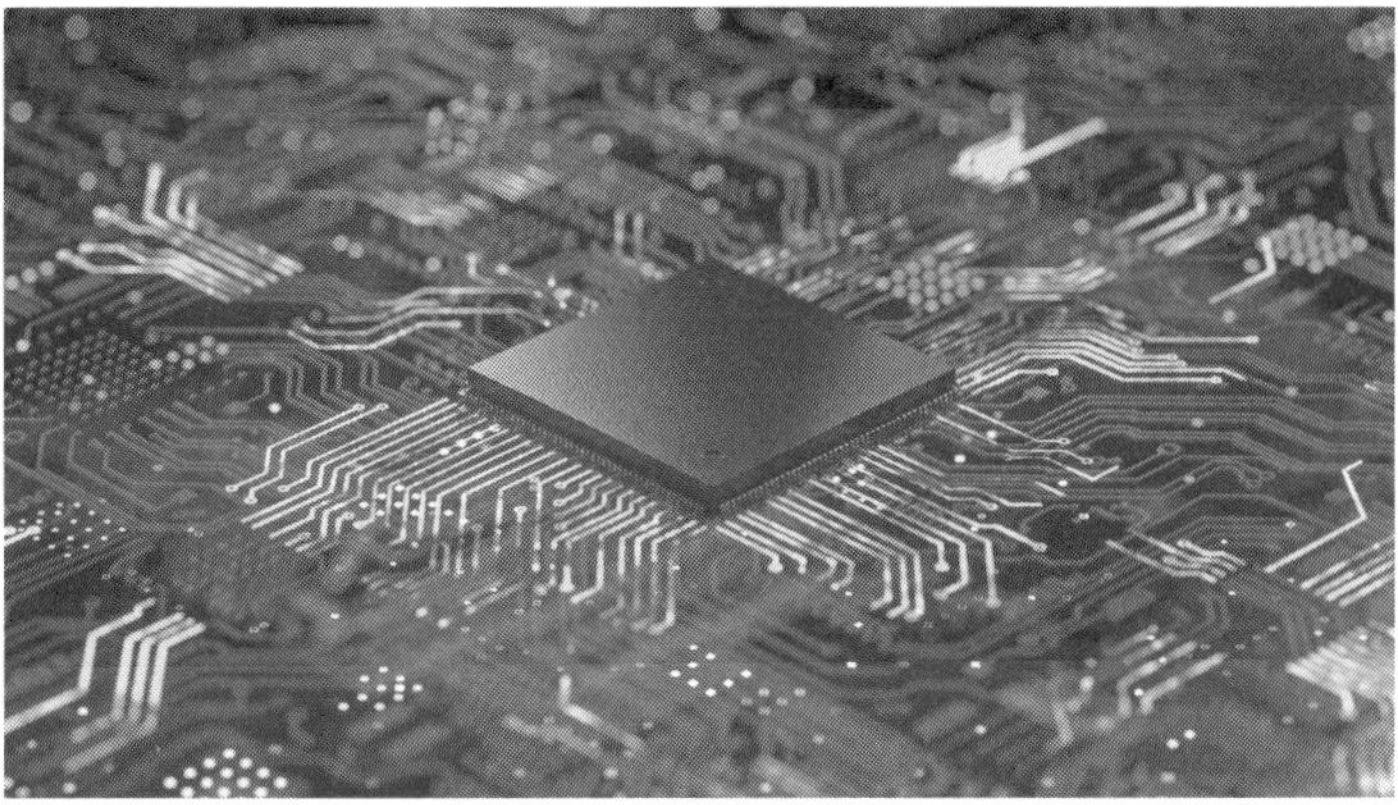

微細化が進む半導体。TSMCは3nmチップの製造を進めており、すでに1.4nmの開発にも着手しているといわれる。一方で、ソニーやトヨタ自動車が出資するTSMC熊本第一工場で製造するのは22～28nmプロセスという数世代前の技術。

ク処理用ＬＳＩ」などに使われるからです。

そこで単純に思うのは、そういう用途の半導体を製造するのであれば、わざわざ国がお金を出さなくても、ソニーとトヨタ自動車が自社でやればいいのではないかということです。

残念ながらトヨタ自動車が作っているガソリン車は、環境規制によって、いずれヨーロッパやアメリカでも売れなくなります。世界の潮流は電気自動車で、その証拠にアメリカのテスラとトヨタ自動車では時価総額で一時4倍近い差をつけられてしまいました。その後トヨタも頑張って差は縮まったようですが、日本円で20兆円近い差がついています。トヨタ自動車の時価総額は約４０００億米ドル（約60兆円）、テスラの時価総額は約５３０６億米ドル（約80兆円）といわれています（２０２４年4月上旬現在）。

したがってトヨタもソニーも新技術の開発に向けた半導体が本当に必要だったら、自分たちで半導体工場を持つべきなのです。

テスラももともとバッテリーを自社で製造できなかったので、日本のパナソニックと提携してバッテリーを作っていたのです。その後は中国の企業と提携したりして研究開発に力を入れ、今では自分たちでバッテリーを作れる技術を手にしました。

同様にトヨタやソニーも自分たちで技術を磨いて半導体工場を持てばいいのですが、

台湾のＴＳＭＣとせっかく合弁会社を作りながら、製造するのは型落ちの半導体です。ＴＳＭＣも、自分たちの持っている最新の技術をわざわざ日本企業に開示しようとしないのです。そこに大金を投入する政府も政府ですが、これが今の日本の経済政策の実情だともいえるでしょう。

日本で優秀な研究者が育たない理由

最近、日本の優秀な研究者が中国の大学や学術機関に移って研究を進めているということが話題になっています。技術の流出を懸念する声もありますが、研究者からしてみると、中国のほうが恵まれた研究環境があるからです。

結局、研究者というのは研究することが非常に好きなのです。研究職の人は、８時間会社で働いて、家に帰ってからもまだ研究のことを考えている。研究者として大成している人というのは、起きている間はずっと研究のことしか考えていないくらいなのです。

しかし考えているだけでは、その研究が実を結ぶことはありません。研究のための資金や、研究できる環境やパートナーが必要となります。そこで優秀な研究者は、そういう研究環境を求めて、アメリカや中国などに拠点を移します。

かつて青色発光ダイオードを開発した中村修二教授も、現在ではアメリカに拠点を移して研究を続けています。中村教授の場合は開発した特許を会社に奪われそうになり訴訟を起こしたという経緯がありますが、中村教授に限らず多くの優秀な研究者が、日本にいると不遇な環境での研究を余儀なくされているのです。

そこで新たな研究環境を求めて中国に行くと、「技術の流出だ」などといって非難されることになります。

だったら日本国内で優秀な研究者が研究に打ち込めるような予算と環境を用意してあげればいいと思うのですが、こういうところでもやはり官僚や政治家が障害となっています。

たとえば、政府が認めた研究でないと学術会議の会員に任命されないとか、予算も下りないというような問題があります。しかしそもそもその研究が役に立つものか否かということは、素人の政治家にわかるはずがないのです。それは研究者のほうも同様です。この研究が将来役に立つだろうと考えて研究しているけど、それが必ずしも成功するという保証はないのです。

中村教授の場合も、青色発光ダイオードの研究開発に成功したのは、当時主流であったセレン化亜鉛系で研究がなかなか成功しないのを見て、少数派であった窒化ガリウムに注目したからです。これを素人が判断したら、世界中の研究者が主流にしているセレン化亜鉛系を研究しない中村氏に対して、援助をすることはなかったでしょう。しかし中村氏は自力で研究を成功させ、後にノーベル賞を受賞することになります。

このエピソードからわかるように、研究者自身もその成果がわかっていないところに素人が口を出しても、その研究成果がわかるはずはないのです。場合によっては失敗もやむなしというような許容度を持って研究者に開発の場を与えなければ、日本から新たな技術が生まれる芽も摘まれてしまいます。そしてその研究の重要性がわかっているアメリカや中国に、どんどん優秀な人材が流出してしまうのです。

日本の政治家や官僚にはそういった危機感を持ってほしいと思いますが、今まで述べてきた理由により、それはなかなか難しいでしょう。

票田を守るための農業政策

最近、岸田首相が、特別な技能を持たない外国人を定住させるというようなことを発言し、僕はそれに対してX（旧Twitter）などでいかがなものかという反論をぶつけています。

岸田首相がなぜそういう外国人を日本に住まわせようとしているかというと、自民党の選挙地盤である農村を守るためなのです。

農村でも高齢化が進み、農業を続けたいけど体が思うように動かないという農家の方が増えてきました。かといって高い給料で人を雇う余裕もないので、安い給料で働いてくれる外国人労働者を雇っているのです。今、自民党を支持している農家の方には、そういう方が多いのです。

しかし、そもそも現在の日本の農業というのは、世界的に見ても非常に生産性の低い産業です。なぜなら農家で一個人や家族単位の小規模な農業を営んでいるため、生産効率が非常に悪いのです。

これがアメリカの場合は、農業法人みたいなものがあって、大規模な農場に飛行機から農薬を一度にばらまいたり、大型の農業機械を使って大量生産を可能にしているのです。

アメリカの人件費は当然、日本に比べても高いのですが、大規模化・機械化された農業によって高い生産効率を上げているので、人件費を補って余りある利益が出せるわけです。

その結果、日本は生産性の低い農業がいまだに根強く残っているにもかかわらず、食料の大半はアメリカから輸入しているのです。

だったら日本もアメリカのように農業法人を作って大規模で効率的な農業を行えばい

いではないかと誰もが考えますが、自民党にとって農家は重要な票田になりますから、農業が集約化されたり農民が農業をやめてしまうことは都合が悪いのです。

　結果、農村はどんどん高齢化し、そこにあまり高度な技能を持たない外国人労働者を住まわせようとしているのが今の岸田政権の政策です。

　考えられるのは、将来そうした外国人労働者の数が増えていって、日本で犯罪などを犯さないかということです。

　しかし、それよりも選挙の票が大事な岸田政権にとっては、そのような問題は重要事項ではないのでしょう。

高齢化が阻む新技術への対応

30年前に戻れたら……

以前『ABEMA Prime』で、もし30年前に戻って日本を救うことができるとしたら何をしますか?というテーマで話し合ったことがあります。

そのとき僕が考えたのは、根本的に日本を救うのは無理だということです。1人の天才がいて何かできたとしても、日本を変えることはできないと思いました。

たとえばフェイスブック(メタ)を創立したマーク・ザッカーバーグが、30年前の日本に現れてフェイスブックのようなものを作ったとします。そこから日本のIT産業が大きく変わったかといえば、むしろ逆です。ザッカーバーグは、30年前の日本で逮捕されて終わりだと思います。

なぜなら、今日本人が使っているコミュニティサイトのX(旧Twitter)や、フェイスブック、YouTubeなどは、すべて外国のサイトなのです。そのため、サイト上で起きたトラブルには日本の企業は直接関わることがありません。しかし、もしこれらが日本の会社だったら、そこで起きたトラブルは、そのコミュニティサイトを運営する会社の社長が悪いと言って、その会社を潰そうとする圧力が働くのです。

その象徴的な例が、ライブドア事件におけるホリエモンこと堀江貴文氏の逮捕でした。また、２０２３年には仮想通貨のステーブルコインの取引が日本でも認められるようになりましたが、そこで使われるブロックチェーンの先駆けとなるＰ２Ｐ（Peer to Peer の略。サーバーを介さずに端末同士で直接ファイルのやりとりを行う通信方式）の技術を開発したのが、日本のソフトウェアエンジニアの金子勇さんでした。

金子さんは、映像や音声など、当時のメールやネットでの共有が難しかった大容量ファイルをやりとりするために Winny という技術を開発します。この技術を世界に広げていたら、今の仮想通貨のマーケットを取ることができたかもしれません。

しかし金子さんは、Winny にアップロードされたファイルの中に著作権違反のものも含まれていたという理由で、著作権法違反ほう助の疑いにより、逮捕されてしまいます。

当時は、金子さんと Winny がバッシングされるのはおかしいと言っている人が多数派でしたし、この事件が映画にもなりました。

このほか、検索エンジンに関しても、著作権法上、キャッシュを保存して表示するということが違法だということで、日本の場合は国産の検索エンジンを潰してしまいました。その結果、楽天グループが運営している「インフォシーク」や、NTTの「goo」などはGAFAMの仲間入りをすることはできませんでした。

キャッシュ機能が使えないという手痛いハンデを課されたため、ユーザーは皆グーグルを使うことになってしまったのです。

グーグルが日本中の検索エンジンとして使われるようになり、ヤフージャパンもグーグルの検索エンジンを使うようになりました。自ら成長の芽を摘んでしまったことが、その後、日本産業の低迷につながっていくのです。

日本の平均寿命の長さ

当時の日本がなぜITに積極的に投資をしなかったのかというと、政策決定者が高齢の人ばかりで、ITの将来性が読めなかったからです。

自分たちが理解できないものに予算は使えないということで、IT推進のための投資は行われませんでした。

若手のITビジネスのリーダーが育たなかったということもあります。ITの技術に詳しくても、お金がなかったので起業することすらできなかったのです。

さらには、国全体の高齢化の問題もありました。たとえば70歳の人が死んで遺産を子どもが受け取ると、子どもの年齢は40歳くらいです。40代でまとまったお金を得ることができれば新たに起業してみようとか、将来成長しそうなＩＴ企業に投資する意欲も湧いてくるでしょう。

しかし実際は、日本国民は長寿なので、80代90代まで生きることもまれではありません。仮に90代で亡くなったとして、遺産を受け継ぐ年齢は60代くらいになってしまいます。40代ならともかく60代で遺産を得たとしても、そこから起業しようという人は少ないでしょう。つまり、新しいビジネスに若手のビジネスマンが取り組んでいれば儲かるチャンスがいくらでもあったのに、お金が回ってこないため、そのチャンスをみすみす潰してしまっていたのです。

こうした高齢化の問題は企業の中でも起きています。経団連に入っている企業の社長は70代や80代がざらにいます。たとえば80代の社長が現役で会社の中で強い権限を持っていたら、ＩＴや仮想通貨、今で言えばＤＸ（デジタルトランスフォーメーション）の技術などは理解できないでしょう。

その技術の価値や有望性が40代の人にわかったとしても、その40代が80代の社長を説得するのは容易なことではありません。

その意味では、いま東南アジアの経済が急激に伸びているのは、良い悪いは別として、この国の平均年齢が短いからということもいえます。フィリピンで29歳、同様に、インドも平均年齢が28歳です。一方の日本は48歳ですから、平均年齢が20歳も違うのです(国連、ジェトロなどの資料から)。

この場合、たとえばTikTokが面白いのでこれをビジネスにしようと言った場合、20代ならその面白さが理解できますが、50代の人がTikTokでバズらせるということはなかなかないと思います。

つまり新しい技術を開発していくためには、いかに若い人たちに権限を与えていくかということが重要なのですが、その点で企業の内部も高齢化している日本は、なかなか難しい立ち位置にいます。

年配者にはとにかく従うという習慣

日本で新しい技術が育たないもう一つの要因は、長男が家督を継ぐという習慣にあります。

たとえば農村の家庭では、家や財産はだいたい長男が継ぐことになっています。そうすると父親がどんなに理不尽なことを言っても、それに従い続けなければならなくなります。

最近でこそＤＶ（ドメスティック・バイオレンス）という形で、家庭内での暴力も処罰を受けるようになりましたが、かつての日本では父親が母親や息子に暴力を振るっても許容される文化が残っていました。そしてそうした理不尽な行動や暴力に対して我慢を続けた代償として長男は、家業や家・土地を譲り受けることができたのです。

その結果、「年配者には従う」という習慣が出来上がります。そしてその習慣が家庭だけでなく、企業の中にも浸透していきます。

そして年配の企業トップが、ＩＴなどという訳のわからないものには手を出さず、うちの会社は今までの事業を引き続き行っていけばいい、という判断を下した場合、若い社員はそれに逆らえなくなってしまうのです。反対をする若者がいたとしてもそれはごく少数派で、そうした反対意見はすぐに握り潰されてしまいます。

日本の企業の中で新しい産業が育ってこなかった背景には、こうした文化的な要因もあるようです。

いっそ政治はAIに任せよう！

「おっさん支配」の政治とAIの政治

今の政治家のほとんどは60歳以上の高齢男性です。昭和の政策をそのまま継承する、いわゆる「おっさん支配」が続いているのです。

そこで最近よく僕が思うのは、いっそ政治をＡＩに任せてみたらどうかということです。「おっさん支配」の政治がＡＩの政治になったら何が変わるかというと、ＡＩは利権やしがらみなどを一切排除するということです。

まず初めに、ＡＩに目標をインプットします。たとえば経済成長率年２％という目標をインプットすれば、どの産業・企業にいくら補助金を出して、いくら減税をしてという最適解をはじき出してくれます。

かつて政府の肝いりで大々的に展開しながら大失敗したクールジャパンのような計画についても、失敗の要因を洗い出し、商圏の絞り込みや、そこに対してどのコンテンツを展開していくかというマーケティングも緻密に行ってくれるでしょう。

さらに持続可能な経済成長を目標とする場合、ＡＩは少子化対策にまで踏み込むと思います。世界中のデータを見ても、経済が伸びている国は人口が増えている国だからです。

米国はその象徴的な例です。米国の場合は出生率だけでなく、大量の移民を受け入れているために人口が増えているという背景もあります。移民の数だけでも、年間１００万人増えているといわれています。

人口が減少していく国は、その逆です。戦争などで一時的に人口が減少する国はありますが、平和な状態で人口が減っていく国は、経済的には縮小していきます。現在の日本がまさにそうです。

そこで日本が今後長期的に経済成長していくためには、少子化問題を解決して、若い世代が子どもをたくさん産んで育てるようにしなければならないのです。

ＡＩの目標設定を間違えると……

少子化問題を今のおっさん支配の政治に任せていると、少子化対策を行わずに、高齢者にお金を配る政策を採ってしまうでしょう。子どもには投票権がありませんが、高齢者は確実に投票所に足を運んで投票してくれる貴重な支援者だからです。

しかしＡＩの政治であれば、そのような利権や忖度は一切排除しますので、長期的な経済成長という目標を達成するためだけに政策を行います。その際、少子化対策はＡＩにとって重要かつ必達の政策課題となるのです。

このように考えると、利権がらみの政治家に散々苦しめられている我々国民にとっては、「おっさん支配」の政治よりもＡＩが行う政治のほうが、我々を幸せにしてくれるのではないかという期待が膨らみます。

今、ビジネスの世界でも、ＡＩに仕事を奪われていく事例が増えていますが、政治の世界も例外ではなくなってきているのです。

ただしＡＩは、神様のように万能なものではありません。大事なのは目標の設定の仕方です。

たとえばＡＩに今の地球環境問題の解決という目標をインプットしたとします。その場合、おそらくＡＩは最適解として、人類を全て抹殺するという選択をすると思います。

ＡＩというのは、あくまでも目的の実現を人間よりも優秀に達成する可能性のある仕組みなのです。そのため目標の設定さえ間違えなければ、人間の生活をより豊かにするために役立ってくれるでしょう。

第3章
ベーシックインカムで日本を再生

ひろゆき劇場
その3
さん
会社ブラックで辞めたいし鬱だし金ないし次もブラックかも
もう死のう
生活保護ありますよね?
わ!なんでひろゆきがここに!?
死ななくても生活できるじゃないですか
えーでもー
現実
若いし健康働ける
はいこちらへー
直行
ハローワーク
生活保護課
ゴウン
ゴウン
ゴウン
受給できても
ナマポで生活してんのにペットいんの?
あら
肩身せまい
週1だけでもバイトしようかなあ
にゃーん
あ
働いたら給付額減りますから

やっぱり死のう
毎月無条件に7万円あげますよ
え！ほんと!?
そしたら会社やめてしばらく休んでゆっくり次を考えて勉強もして…
希望
はい問題解決
これが
ちりーん
税
ベーシックインカム！
問題は財源ですよねー
国民全員に7万円配布となると……
金持ちの固定資産税を増やしたり
医療費を一律3割にするとかですかね
ベーシックインカムは年金の代わりにもなるから年金財源も使えますね
55兆円

毎月7万円の保障があれば……
7万円＋働いて給料
収入UP
ブラック辞められる
辞表
一家で田舎暮らし
収入に余裕ができれば…
少子化も解決!!
もう1人子ども作ろう!
一石二鳥
いや一石三鳥の政策!!
でもその通りに政治家や官僚が動くか……
結局そこが一番のネックですね
自分や選挙区にメリットのない政策は潰すのが政治家ですから

ベーシックインカムって何？

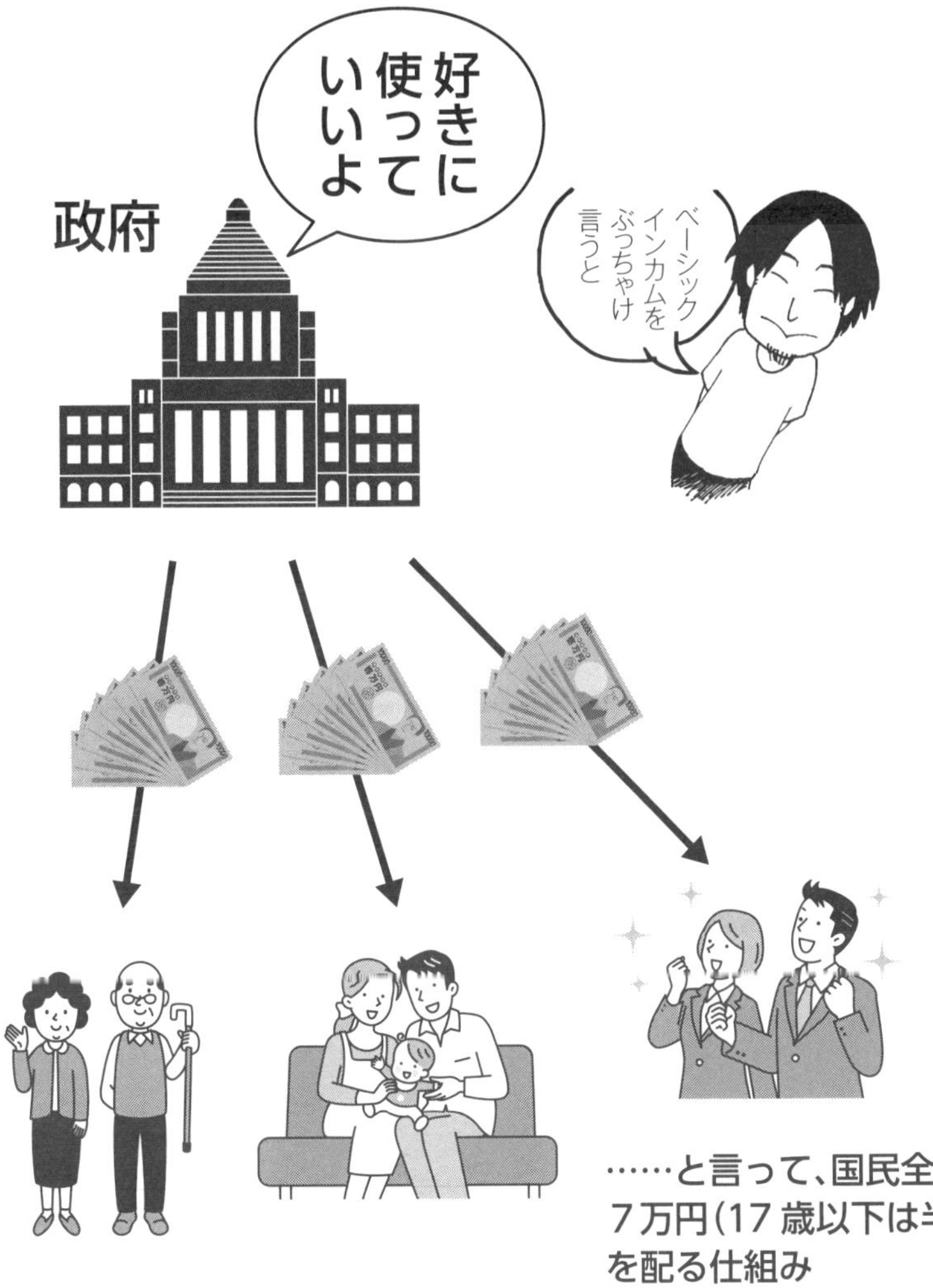
ベーシックインカムをぶっちゃけ言うと
好きに使っていいよ
政府

……と言って、国民全員に7万円（17歳以下は半分）を配る仕組み

ベーシックインカムのメリット

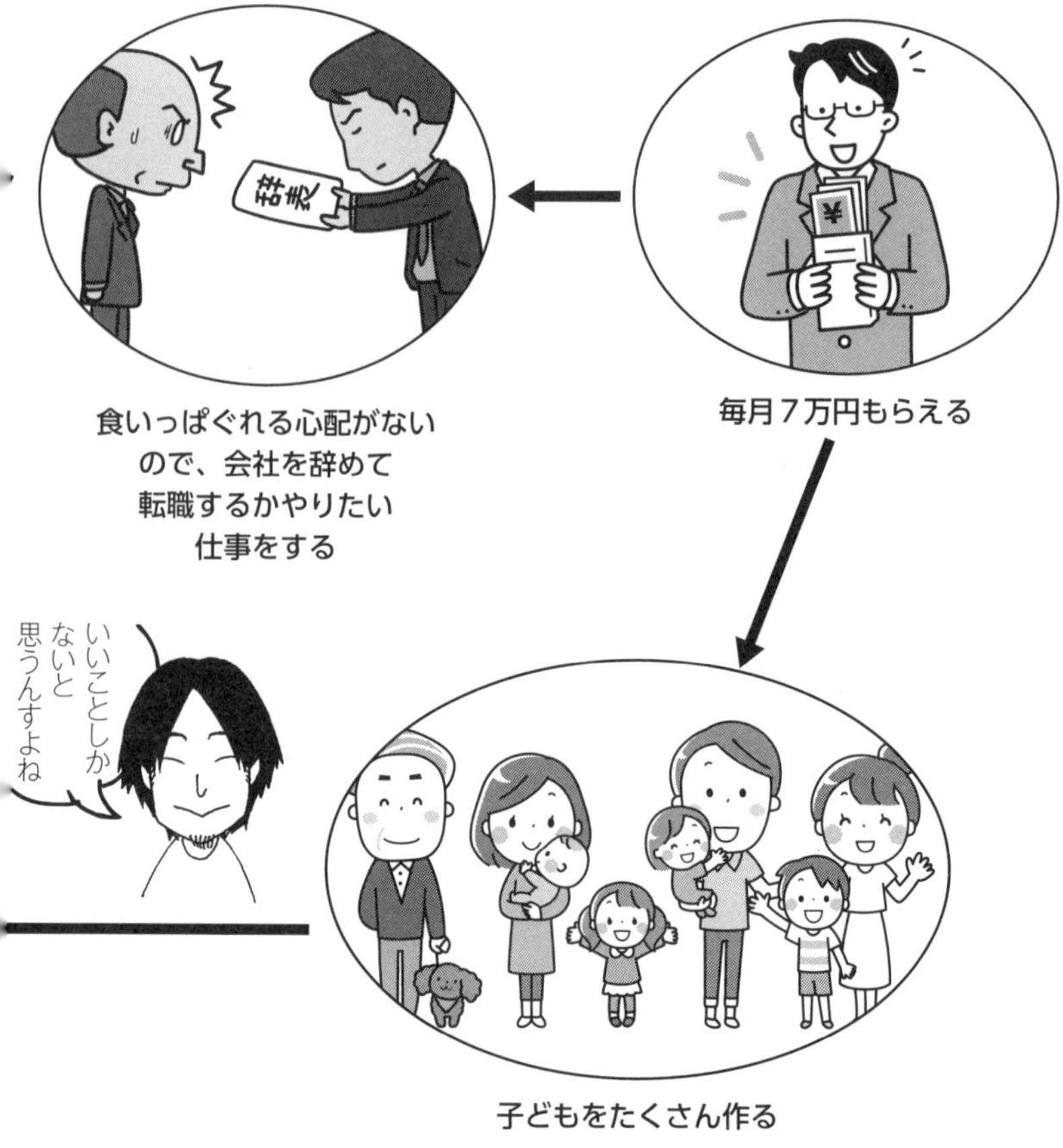
毎月７万円もらえる
辞表
食いっぱぐれる心配がないので、会社を辞めて転職するかやりたい仕事をする
子どもをたくさん作る
いいことしかないと思うんすよね

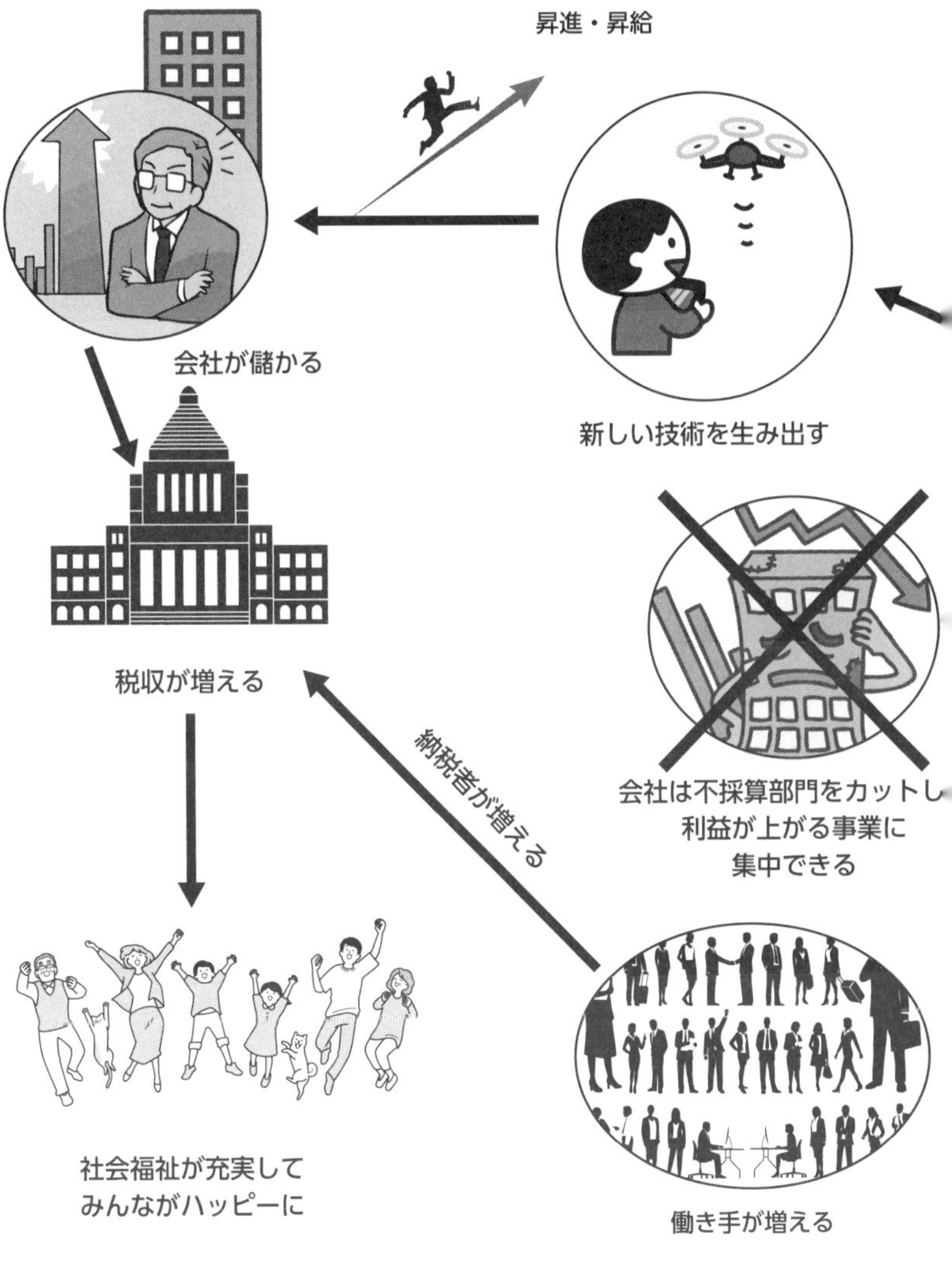
昇進・昇給
会社が儲かる
新しい技術を生み出す
税収が増える
納税者が増える
会社は不採算部門をカットし
利益が上がる事業に
集中できる
社会福祉が充実して
みんながハッピーに
働き手が増える

人口と経済はリンクする

先進国で人口が減り続けている

今、日本を含め、先進国の多くで人口減少が続いています。移民の流入で人口が増え続けているアメリカでさえ、２０８０年には人口が減少に転ずると統計当局が発表しています。

現在の日本は少子高齢化が進んで出生率も低下していますが、日本だけでなく先進国は出生率が低くなる傾向にあります。なぜなら先進国では、子どもを産んで育てるよりも楽しいことがたくさんあるからです。

１人当たりの所得が高い国は娯楽も楽しめるので出生率が低く、所得が低い国は娯楽も少ないため出生率が高くなるという相関関係もあるようです。

ただし先進国でも出生率が急激に上がる事例があります。たとえば、２０１６年、アメリカのワシントン州シアトルで、大嵐の影響により2週間くらい停電がありました。

するとその10カ月後に、出生率が急激に上がり子どもの数が一気に増えたのです。

同様の現象は30数年前、北海道でもありました。やはり停電のあった数カ月後に子どもの数が急激に増えたのです。

理由は想像していただければわかると思いますが、停電で夜中にすることがないと夫婦は子作りに励むようになります。先進国にはさまざまな娯楽がありますが、停電という異常事態の中では娯楽もなくなり、一時的に発展途上国と同じ状況に置かれるからです。

ちなみに日本の都道府県で出生率が一番高いのは沖縄県です。これは沖縄県では、まだ共同生活的な精神が残っており、子どもを生めばなんとか育てていけるという背景もあると、厚生労働省のレポートで報告されています。

また沖縄県は、1人当たりの県民所得が全国の都道府県の中で一番低く、娯楽が少ないということも出生率と関係しているのかもしれません。

いずれにしても問題は、このまま少子高齢化が続いていくと、人口も減少し、経済も衰退していくということです。

先述しましたが、日本では毎年80万人程度の人口が減少しています。これは太平洋戦争当時に匹敵するぐらいの急激な人口減少傾向となっています。それに伴い、すでに経済の衰退も始まっています。

移民排斥運動が起きている

将来的には高い教育レベルの子どもがいかにたくさんいるかということが、その国の経済を左右していきます。たとえば小学校卒業レベルの人が1000万人の国と、大学卒業レベルの人が1000万人の国を比較すると、後者のほうが経済的に豊かになる可能性が高くなります。

さらに言えば、大学卒業レベルの人口が1000万人の国より、同じく大学卒業レベルの人口が2000万人の国のほうが経済はうまく回ります。基本的には、人間社会は大体この公式に当てはまります。

この流れで見ていくと、冒頭に説明した人口減少の傾向にありながら、一部の先進国では人が余り始めています。

どういうことかというと、今、アメリカやヨーロッパで移民排斥の運動が起きているのです。労働者が多いほうがその国は豊かになるはずで、そのためにアメリカも毎年100万人という数の移民を受け入れていたわけですが、それがなぜここにきて移民排斥という流れに変わってきたのでしょうか？

アイスランドの例を見てみると、もともと国土面積に対して人口が少なすぎたために

図 11　出生率の推移

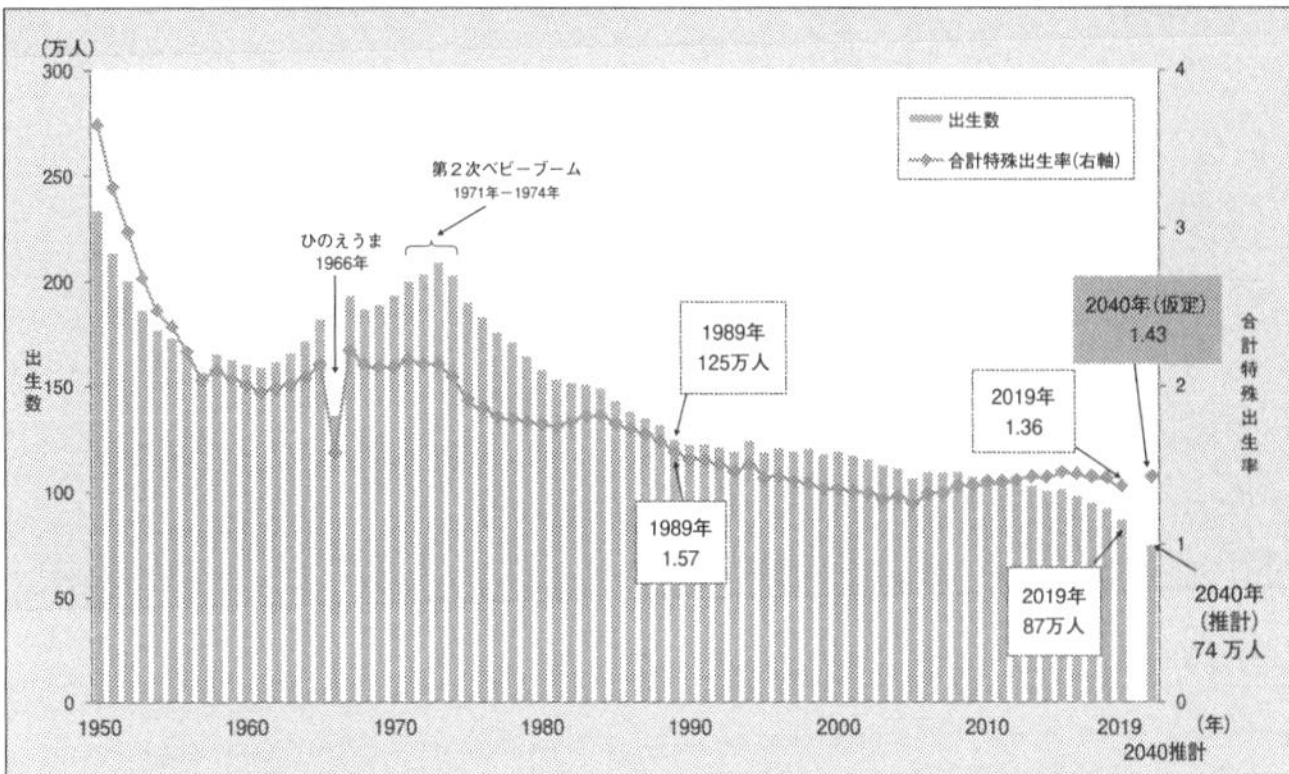

資料：2019年までは厚生労働省政策統括官付参事官付人口動態・保健社会統計室「人口動態統計」(2019 年は概数)、2040年の出生数は国立社会保障・人口問題研究所「日本の将来推計人口（平成29 年推計)」における出生中位・死亡中位仮定による推計値。

出典：厚生労働省

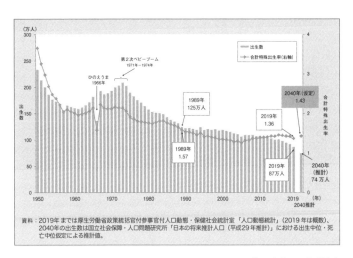

移民を大量に受け入れ、移民を歓迎しています。土地が余っている国では、今でも移民を歓迎しているのです。

同じく100年前のアメリカも、広大な国土の割に人口が少なかったため、移民をどんどん受け入れました。そして土地を耕したらそれは自分のものにしていいぞという許可を与え、その結果農地が全国的に広がり、経済的にも豊かになっていったのです。

この土地を「耕す」という作業は、小学生でもできるものです。かつて日本でも児童労働というものがあり、子どもを鉱山で働かせたり、畑の農作業を手伝わせたりしていました。今は機械が行っている作業ですが、機械化される前は小学生でも労働力としての価値があったのです。

最低賃金以下の価値しか生み出せない人を雇うと損をする

もちろん今は、児童労働は禁止されています。しかし仮に小学生にできる仕事がどのくらいあるかといえば、ほとんどありません。小学生でもできるような単純な仕事は、すべて機械化されているからです。

たとえば、日本でもマクドナルドの一部店舗では、注文がタッチパネルのでかいやつで行われています。

これは先進国の中でも遅れているほうで、フランスのファストフードは、ほぼタッチパネルになっています。食べ物のオーダーもタッチパネルで行い、クレジットカードで決済すると、番号の書かれたレシートが出てきます。そして食事の用意ができると、番号がディスプレイに表示されますので、自分の持っているレシートに書かれた番号が出てきたら、食事を取りに行くという流れです。

フランスでもスペインでもスイスでもドイツでも、基本的にはこのタッチパネルのシステムを飲食店で導入しています。というより、タッチパネルでない店舗をヨーロッパで探すことのほうが今は難しいくらいになっています。

なぜこのように機械化・自動化が進んでいるかというと、人を雇うよりも機械のほうが安いからです。人を雇ったら給料を払わなければいけませんし、一回雇ったらクビにできません。そのため人を雇う場合、一定以上稼げる人に限るという風潮が、今の時代に生まれてしまっているのです。

昔は労働基準法がなかったので、たとえば1時間に500円稼ぐ働き手に対して、店側は300円を与え、200円を利益として得ていました。そのようにして小学生レベルの労働しかできない人でも、その人に合った給料を払うことで働かせることが可能だったのです。

ところが今は東京では最低賃金が1113円です。ということは、たとえば1200円以上くらいの価値を提供できる働き手でなければ、店側が損をしてしまうのです。もし800円の価値しか生み出せない人に対しても、最低賃金の時給1113円は払わなければなりません。つまりその人を雇い続ける限り、店側は200円分の損をし続けることになります。つまり労働基準法がある限り、最低賃金以下の人を雇うと損をするというのが今の先進国の仕組みなのです。

移民排斥の背景

そこで、なぜアメリカの経営者たちが移民労働者を排斥し始めたかというと、最低賃金を守らなければいけない場合、メキシコから来る労働者でそれ以上の労働価値を提供できる人材がなかなかいないからです。肉体労働はできるけど、英語をまともにしゃべれないような人を、雇いたくないということになったのです。

そこでアメリカの中でメキシコ人の解雇が進むと、メキシコ人たちにも暮らしがあるので、選択肢は違法に安い労働をするか、犯罪に手を染めるか、公共の福祉に頼るかのどれかになります。その中で、生活保護的な公共の福祉に頼ると、今度はアメリカ人のほうから、自分たちが払った税金でなぜメキシコ人を養わなければいけないのかと反発が出てくるのです。

そこで仕方なくメキシコ人の中には犯罪に手を染める人が出てくるわけですが、そのために治安が悪くなると、メキシコ人を排斥して国に帰せという運動が起こってきます。いずれにしても、外国人移民を入れることは、自国にとってメリットがないと、アメリカやヨーロッパで言われ始めてきているのです。

先進国には、人間には人権があり、労働者は最低賃金を定めた労働基準法によって守られなければいけないというルールがあります。そのため人を働かせる以上は1000円なら1000円の最低時給を支払わなければなりません。これを否定する人はいないでしょう。

そのルールに基づいて今までは1000円以上の生産性を上げられない人でも雇用していたわけです。しかし、中にはこの先進国ルールに守られているのをいいことに、800円ぐらいの生産性しか上げられない労働者が、1000円の時給でも満足せず賃上げを要求してきたりします。店側からすれば「マジでやってられない」ということになり、今ようやくその現実に気がつき始め、生産性を上げられない労働者を排斥し始めているのです。

先進国では現実的にこういうことが起きているので、このまま生産性の低い人口が増えていったとき、10年後、20年後のこの国の社会はどうなっているのかと不安を覚え始めてきたのです。

したがって、いたずらに人口を増やすだけでなく、それに伴って労働者の質も上がっていかなければ、経済は良くなっていかないということに、多くの人が気づき始めています。

僕は少子化対策をしたほうがいい派なので、子どもをたくさん産んで人口を増やしていくことには賛成です。その結果、教育レベルが低くて生産性のあまり高くない労働者がたくさん育っていったとしても、やはり最低時給1113円は支払うべきだと思っています。

ただし長期的には、単純に人口を増やすだけでは、今欧米で起こっている移民排斥問題と同じような問題が起きてくるでしょう。

労働者が増えれば消費者も増える

結局、大枠では、人口が増加することによって経済も上昇していくのですが、半面、教育投資を行って生産性の高い労働者をたくさん輩出し、国全体の生産性を高めていく必要があります。ただ人口の規模を増やしていくだけでなく、その質も伴わなければいけないということです。

一方で、人口が増えるということは、労働者が増えると同時に消費者も増えるということでもあります。人口が増えればその国の売り上げと消費量が増えるので、たとえば人口が1％ずつ増えている社会であれば、同じ商品をずっと出し続けても1％ずつ売り上げが増えていくのです。

逆に言えば人口が1％ずつ減少している社会では、何もしなければ自然に売り上げも1％ずつ減少していくことになります。

そうなると自然に売り上げが減って、賃金も上がらないし、研究開発をして良い商品を作ろうというモチベーションもわかないので、長期的に見て優秀な人材の流出が始まってきます。実はこの問題のほうが、その国にとって大きな問題になるのではないかと考えます。

10年後の日本を予測する方法

20年後の人口を予測する

僕はYouTubeの配信やSNSなどで、フォロワーの方からよく「10年後、20年後の日本はどうなりますか」という質問をいただくのですが、占い師ではないので未来の日本の姿を言い当てることなどはできません。

しかしかなり高い確度で10年後、20年後の日本を予測できる方法は知っています。それが人口動態に基づいた予測です。

たとえば18年後の日本の人口や日本の経済について予測したとしましょう。その場合、今生まれた赤ん坊が18年後には成人になるわけですが、その成人が18年後に何人いるかということは、今生まれた赤ん坊の数で推測できるのです。

具体的には、今年60万人の赤ん坊が生まれましたというとき、18年後に確実に言えるのは、そこで成人になっている人口が「60万人以下」であるということです。

この20年間の推移を、過去のデータを調べて追っていきます。スタートの60万人は、今年1年で60万人の赤ん坊が生まれたということですが、30年前には1年間で100万人生まれていました。その100万人が18年後に何万人になっているかという推移を追っていきます。

仮に100万人が18年後に90万人になっていたとしたら、1年目で何人減り、2年目で何人減り、3年目、4年目……というふうに追っていくのです。

そして翌年は、99万人の赤ん坊が生まれました。そして18年後にはその99万人が87万人になっていました。その18年間の推移を追って、毎年何人ずつ減っていったのかを調べていきます。

このようにして過去30年の人口の推移を調べていくと、その傾向から、今年生まれた60万人が18年後に何万人になっているかということが推測できます。ここでは30年間のデータを取りましたが、このデータを50年70年というふうに増やしていくと、よりその予測数値の確度が高まっていきます。

人口はその国の実態を表す鏡

この人口動態データを元に、さまざまな経済的データも類推できるようになります。

たとえば、毎年1000万円の売り上げを上げている会社が、人口が1％減ったときに、いくら売り上げが減るかということも予測できます。

あるいは不動産の価格などは、人口が減れば借りる人も減るので、人口減に伴って価格も下がっていきます。

不動産価格が下がったら新築の着工件数も減るのかとか、関連する建築業界の売り上げも減るのかといった周辺データも集めていって、最終的には国全体の経済指標であるＧＤＰなども理論上は推測することができるようになるわけです。

実際に、フランスのエマニュエル・トッドという人口統計学者が、この人口動態調査をもとに乳児死亡率の異常な増加という観点から旧ソビエト連邦の崩壊を予測し、それを『最後の転落』という著書で発表して注目されました。

この人口動態を使った調査では、ほかにもさまざまな予測が可能になります。

たとえばアメリカでバラク・オバマ氏が大統領になったとき、初の黒人大統領ということで世界から注目を集めました。

しかしこのときも人口動態を追っていると、「ここ10年以内に白人ではない大統領が誕生する」ということは予測されていたのです。なぜなら、人口動態調査から黒人やヒスパニック系など有色人種といわれる人たちの中で選挙権を持っている人の人口が増えていたからです。特に民主党が票田としている都市部の有色人種の人口が増えていたの

図12　人口動態予測

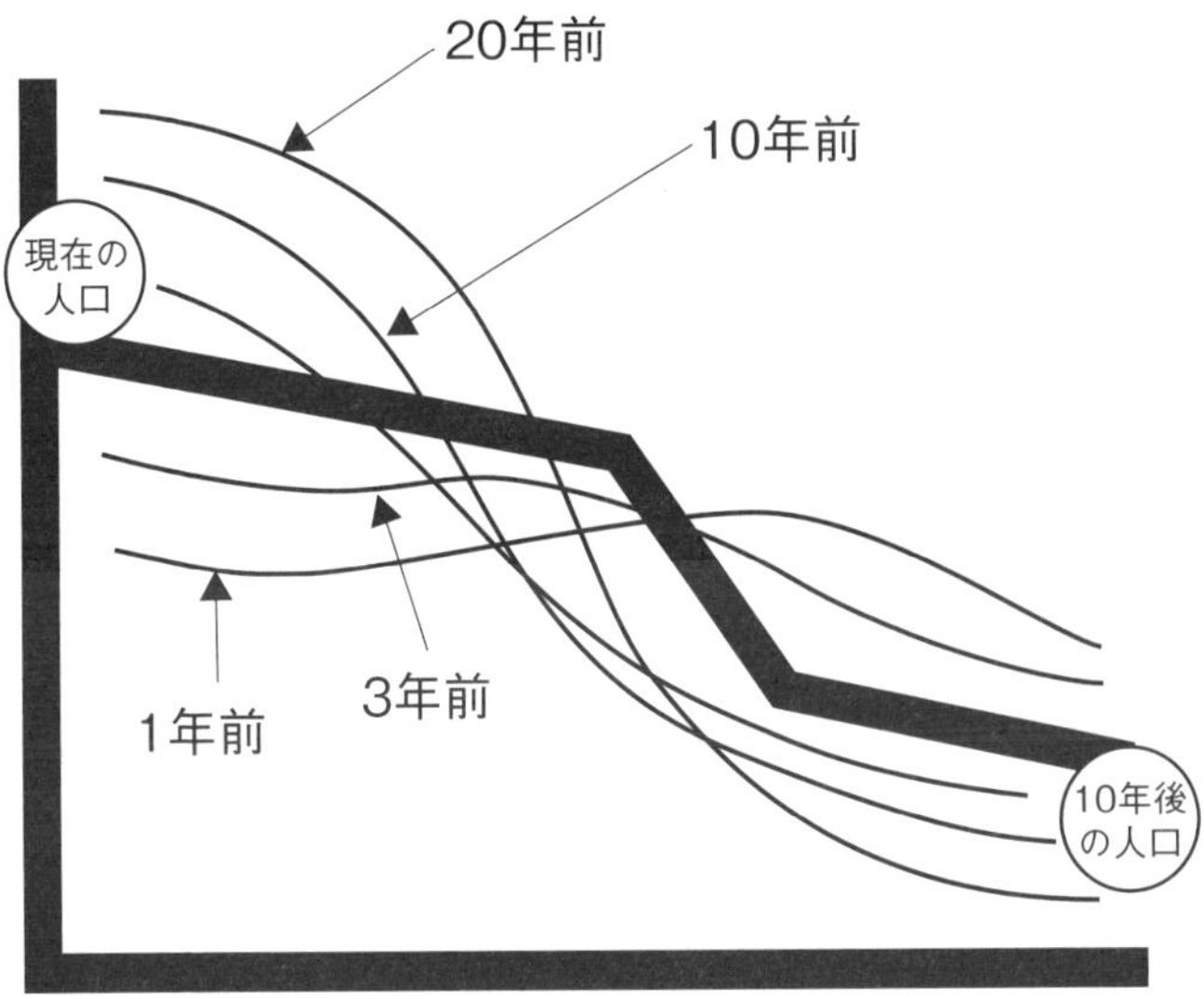

過去の人口動態を平均化すると、たとえば10年後の
人口がどのくらいか容易に推測できる

で、黒人大統領の誕生はそれほど驚くべきことではなかったのです。

このように人口動態には、その国の実態を表すさまざまな情報が内包されており、うまく活用することによって、将来の予測も可能になります。人口はその国の実態を表す鏡ともいえるでしょう。

人口13億人の中国の強さ

人口からその国の将来を予測するためには、抽出するサンプルの量も重要になります。たとえば、中国のように13億人という巨大な人口を抱えている国では、地震などの自然災害や、感染症の流行などで100万人の人口が減ったとしても、全人口に対する割合はごくわずかなので、それによって人口動態が大きく変わるということはありません。

一方、シンガポールのように人口が500万人くらいしかいない国において、100万人の人が亡くなったら人口の5分の1が一気に減少するということになりますので、人口動態は大きく変わります。

人口が多いということはそれだけ労働者も消費者も多いということですから、自然に経済規模も大きくなります。中国の強さはその点にあり、仮にコロナのような感染症で100万人ぐらいの人が死んだとしても、国力にはほとんど影響しないのです。

海外から見る日本の問題点

この人口動態を使うと、今の日本の姿やその将来なども見えてきます。

たとえば今、海外に在住している日本人は年々増え続けています。日本人の人口自体はどんどん減り続け、年間70～80万人ぐらい減少しているのですが、その一方で海外に住む日本人の数は増え続けているのです。

ただ海外に在住するといっても、いくつかのパターンがあります。1つは僕のように半引退のような形でだらだら生活している人間。もう1つは海外に駐在するビジネスマンとその家族。さらには海外に留学する学生です。海外在住者の合計は約130万人で、人口の約1％です。

僕も含め、海外に住み続けている人は、さすがに今の日本の状態がまずいということを実感します。今、日本以外の海外の先進国ではめちゃめちゃ物価が上がっています。それだけ聞くととても大変な状態になっているとイメージする人は多いと思いますが、物価の上昇に伴って給料も上がっているので、実はそれほど生活していく上で大変ではないのです。

たとえばアメリカの新卒エンジニアは年俸1500万円くらいを当たり前にもらって

いたりします。そしてそこからさらに給料は上がっていきます。一方の日本は初任給も低いし、その後の賃金の上昇率も低いので、アメリカとの賃金格差がどんどん広がっていきます。仮に物価を差し引いた実質賃金で比較してみても、アメリカの労働者と日本の労働者の賃金格差は顕著です。

さらに給料の中から毎月一定の金額を投資していったとします。全米株式に連動するファンドに投資すれば、今なら年利10～15％ぐらいの運用ができます。それを複利で運用していけば、雪だるま式に資産は増えていきます。

一方で日本の場合は、これまでにも述べてきたように給料の約半分が税金や社会保険料などで差し引かれてしまうため、そこから家賃や生活費などを引いていくと、手元にはほとんどお金が残らず、投資に回す余裕すら生まれません。

そのため、日米のビジネスマンを比較した場合、賃金の格差というだけではなく、投資なども含めた収入の格差は格段に大きくなっていくのです。

年金生活者は海外の動向に無関心

海外に住んで、その経済成長などを肌身で感じ、その上で外から日本を見ると、日本とは何か、日本人とは何かということを、日本に住んでいるときよりも真面目に考えるようになります。

日本に住んでいると周りは全員日本人なので、日本の文化などを意識することはないのですが、海外から日本を見ると、その良い点悪い点が明確に見えてくるのです。

そして大抵の人は日本の問題点に気づき、それを海外と比較して、日本もこんなふうに変わったらいいという考えに至ります。しかしその人口はわずかに1％ですので、日本に住んでいる人から見ると、海外かぶれしている人間の戯言くらいにしか思われないのです。

おそらくその1％の人たちが、日本をこんなふうに変えたらいいよという意見を発信しても、日本に住んでいる人たちは、そんなに海外がいいんだったら日本に帰ってこなくてもいいよという反応を示すでしょう。

何しろ日本の人口の3分の1ぐらいは、年金生活者ですから、給料が上がろうが上がるまいが関係ないのです。一生懸命働こうが働くまいが決まった年金が入ってくるので、10年後の未来を予想して憂いを抱く必要もないのです。

そしてそういう人たちが今の与党政権を支えているので、日本の政治もその政治に支配されている国民の生活も変わることはないでしょう。

それでも僕は海外に住む1％の人間の1人として、日本を変えていくための情報を発信し続けていきたいと思います。

少子化対策を阻む元凶は民主主義にあった

僕が「人口」に注目するわけ

僕が「人口」の動態に注目しているのは、今日本ではすごい勢いで人口減少が進んでおり、このままいくとそう遠くない将来、日本が「オワコン」となるからです。

そこで少子化対策の必要性をYouTubeやSNSなどを使って発信しているのですが、支持してくれる人もたくさんいる半面、それを行うべき政治家や官僚の耳にはあまり届いていないようです。

もともと僕も、日本を変えようとか大それた考えを持っているわけではないのですが、自分の考えたアイデアが実際にうまくいくものなのか、もしうまくいかないとしたら何が足りないのかといった仮説を立て、皆さんの意見を聞いて検証しながら、証明していきたいと思っているのです。

そこで少子化対策について有効だと思われるいくつかの方法を、この本の中でも紹介していきたいと思います。

まずはそのベースとして、なぜ少子化対策が日本で行われないのかということを考えていきたいと思います。

アメリカの企業と日本の民主主義の共通性

少子化対策をしたほうがいいよねということは、政治家や一般市民の間で、すでに40年くらい前から言われ続けていることです。それがなぜ行われないのかという原因は、僕は「民主主義」にあるのではないかと思っています。

そして面白いことに、日本の民主主義の仕組みはアメリカの株式会社と非常に似通ったところがあるので、まずはその点について説明したいと思います。

アメリカの株式会社の一番の目的は、短期で利益を上げることです。10年、20年かけて利益を上げるような長期スパンのビジネスは、まず行いません。

なぜなら、アメリカの上場企業では、優秀な雇われ社長が会社の経営を任されると、だいたい3年以内に結果を出す、つまりは利益を上げることを求められるからです。3年と言っていますが、実際は1年目から結果を出していかないとクビになる可能性があるので、とにかく就任早々の1年目、2年目で、とりあえず利益を上げる経営を行っていきます。

一方で日本には、創業実に1400年の金剛組という会社があります。これは世界最古の会社ランキングでも常にトップに君臨し続けている会社です。

創業は西暦578年（飛鳥時代／第30代敏達天皇7年）、事業内容は社寺建築の設計・施工・文化財建造物の復元、修理などで、四天王寺をはじめ、数多くの社寺仏閣の修理などを行っています。

つまりアメリカの会社とはまったく対照的に、短期で儲けるようなビジネスモデルではなく、超長期のスパンで利益を上げていくという会社です。それでも神社仏閣は簡単になくなるものではありませんし、日本全国に存在するので、常に需要はあり、仕事は続いていきます。

なぜ金剛組の例を出したかというと、アメリカの会社は金剛組のように長期にわたって利益を出し続けるような経営はしませんし、ましてや10年後、20年後に利益を出すような経営を絶対に行わないからです。遅くとも3年後ぐらいには利益を上げなければ、経営者がクビになってしまいます。

このアメリカの会社の経営がなぜ日本の民主主義に似ているかというと、日本の有権者が投票する際、20年後に社会に役立つような政策を打ち出している政治家にはまず投

図13　老舗企業ランキング

	企業名	創業年
1位	(株)金剛組(木造建築工事業／大阪府)	578
2位	一般社団法人池坊華道会(生花・茶道教授業／京都府)	587
3位	(株)西山温泉慶雲館(旅館・ホテル／山梨県)	705
4位	㈱古まん(旅館・ホテル／兵庫県)	717
5位	(株)善吾楼(旅館・ホテル／石川県)	718
6位	㈱田中伊雅(宗教用具製造業／京都府)	889
7位	㈱ホテル佐助(旅館・ホテル／宮城県)	1000
8位	㈱朱宮神仏具展(宗教用具小売業／山梨県)	1024
9位	㈱高半ホテル(旅館・ホテル／新潟県)	1075
10位	須藤本家㈱(清酒製造業／茨城県)	1141

※参考：全国「老舗企業」調査・株式会社東京商工リサーチ

票しないからです。

むしろ税金や社会負担を軽減する政策の早期実現を目指す候補者や、地元に新幹線を引っ張ってきてくれる候補者など、数年以内に実現しそうで、かつ自分に直接利益をもたらしてくれるような政策を打ち出している候補者に投票するでしょう。

あるいは創価学会員は公明党の候補者に投票するでしょうし、旧統一教会の信者や、日本医師会などの特定の業界団体の自民党支持層は、自民党に投票するでしょう。大阪の有権者であれば、万博の開催やカジノ誘致に積極的な候補者に投票するでしょう。

いずれにしても有権者の選択肢の中に、20年後に効果を上げるであろう少子化対策を訴えている候補者の名前はありません。

それ以前に、20年後に誰かが得をするという政策をアピールして出馬する候補者など、まずいません。政策を行う側にも投票する側にも、20年後などという遠い未来のイメージは全くないのです。

そもそも参議院の通常選挙が3年に1回（任期は6年だが3年ごとに半数が改選）ですし、衆議院は解散ごとですので、ほぼ1年か2年のサイクルで選挙は行われています。ということは、20年はおろか5年先に実現する政策を打ち出している候補者に投票しても、翌年の選挙でその候補者が落選するという可能性もあるわけです。

図 14　政治家は長期の政策を打ち出せない

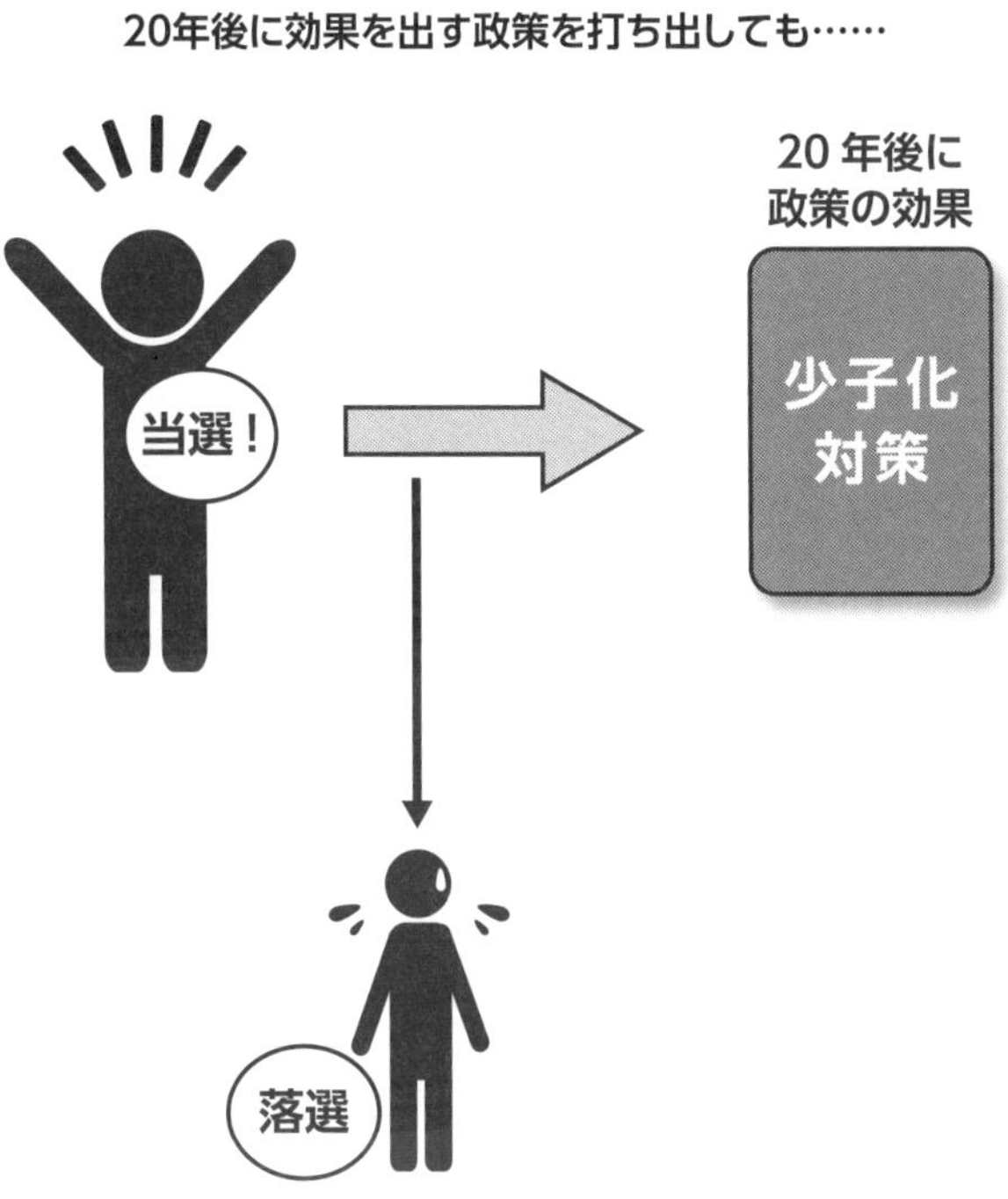
3年後には落選しているかも

少子化対策の実現を阻む日本型民主主義

もし仮に、20年後に政策の効果が表れるような少子化対策を打ち出している候補者に投票して、その候補者が当選したとします。

そしてその候補者が打ち出した政策が当選した年に法案として可決され、実行されたとします。その少子化対策によって、ある若い夫婦がその年に子どもを授かったとしましょう。

その子どもが成長していく過程で十分な教育を受け、大学を卒業して企業に就職するまでに20年以上かかります。そしてその世代の社会人がビジネスの現場で活躍して利益を上げ、日本経済に貢献して世の中の人がそれを実感できるようになるまでさらに10年くらいかかるでしょう。そうすると、少子化対策の効果が世の中に実感されるのは30年以上先の話になります。

もしその政策を打ち出した議員が、60歳のときに当選したとしたら、すでに90歳を超えています。もはや国会議員も続けていないでしょう。

徳の高い政治家であれば、もはや誰が提言したかわからない政策によって社会が良くなってくることを、老後の生活の中でひっそりと喜んでいるかもしれません。が、多くの政治家は、自分が打ち出した政策が世の中の人々に評価されて、「すごいね！」という声を有権者からかけてほしいと考えると思います。

そのためには30年も先の話ではなく、長くても5年か10年くらい先の将来で実現しそうな政策を打ち出していると思います。

つまり民主主義の枠内で、投票で議員を選ぶというシステムがある限り、数十年後に成果をもたらすような少子化対策は、誰もやりたがらないと考えたほうがいいのです。

これが民主主義によって少子化対策の実現が阻まれていることの実態です。

明石市の成功事例

しかしこういう状況の中で、唯一モデルケースとなる事例がありました。それは兵庫県明石市の泉房穂前市長が行った政策です。

実は泉市長は、少子化対策を具体的に行ったわけではないのですが、国会議員の時代から少子化対策の重要性を訴え、結果的に明石市長を3期も連続で務めることになりました。

泉氏が市長になったことによって、明石市が急に子どもを育てやすい環境になったというわけではありません。しかし泉市長＝子育て支援というイメージがあったため、近隣の市町村の子育て世代が明石市に流入してきたのです。

この世代が、子どもが高校を卒業するまで住もうと決めたら、18年間は明石市にとどまることになります。であれば賃貸に住むよりもローンを組んでマンションを買ってしまったほうがよいのではないかということで、5000万円くらいのお金を地元に落としてくれます。さらに優秀な労働者が増えるので、そこに会社を作れば、その会社が利益を上げて法人税を落とすことになります。

実際、それで明石市の地価は上昇し、不動産を持っている人の家賃収入が増えて、地元の商店街も盛り上がり、結果的に明石市の経済は向上しました。住民が増えて経済が良くなると税収も増えるので、子どもを産むときや保育園に通わせるときなどに補助金が出たり、医療費がタダになったりします。それが結果的に子育て世代の家計を助け、実質的な子育て支援を実現させることになったのです。

明石市の例を見ていると、政府が日本全体を対象に何か実効性の高い政策を行うことは難しいですが、市町村レベルであれば実際に住民が効果を実感できるような政策を打ち出すことは比較的容易に行えるということがわかります。

ここで「優秀な労働者」という言い方をしましたが、日本の20代のサラリーマンで600万円くらいの年収がある人は、その半数以上が結婚しているという調査結果もあります。そして統計的に、子どもの数は減少していますが、子どもを持つ家庭の数はあまり変わっていません。

つまり、少子化の原因は、結婚をする若い世代が減少しているということにあって、結婚している家庭では、従来と変わらず子どもを作っているのです。

そして20代で年収６００万という、いわゆる「優秀な労働者」の半数以上が結婚しているということは、単純に20代の労働者の所得がもっと増えれば、結婚するカップルも増え、子どもの数も増えていくということになります。

このように日本の民主主義というシステムによって、日本全体での少子化対策を実行させることは難しくなっていますが、明石市のように市町村レベルでの少子化対策の実行は不可能ではないということが証明されています。

そこで私たちも国会議員に期待するのではなく、地方自治体の首長や地方議会議員などを支持したほうが、政策の恩恵を享受できる可能性は高まると思います。

ベーシックインカムで少子化問題を解決

国民に無条件で一律7万円を支給

少子化対策について、もはや岸田首相や国会議員の提唱する政策が、ほぼ実効性のないものだということはおわかりいただけたと思います。

先に述べたように少子化対策の実現はむしろ市町村などの地方自治体に委ねたほうがよいと思いますが、僕がSNSやYouTube動画などのメディアを使ってみんなと一緒に考えたベーシックインカムという考え方をここでご紹介しておきたいと思います。

ベーシックインカムは、日本国籍を持っている人であれば、誰でも月に7万円もらえるという制度です。後で詳しく説明するように、その7万円は自由に使って構わないお金ですし、生活補助のお金と違って、それをもらったから贅沢してはいけないとか、仕事をしてはいけないというものではありません。7万円で足りなければ、自分で働いて必要なお金を補填するのも全く構いません。

なぜこのベーシックインカムという制度を僕が推奨しているかというと、基本的には無駄な仕事を減らしたほうが結果として日本の経済や社会がうまく回るのではないかと思うからです。

たとえば、日本のビール会社は発泡酒みたいなものを造って日本人を相手にずっと商売を続けているわけですが、国内で商売をしている限り、発泡酒を飲む人の数は増えないんです。日本人しか買いませんから。

しかも、同じビール会社で発泡酒と普通のビールの両方を製造販売しているため、ビールと発泡酒でお互いのシェアも喰い合ってしまっています。むしろこの物価高や低賃金の状況の中で、ビールが飲みたいけど税金が安いから仕方なく発泡酒を買って飲んでいるという人も増えていますので、収益の柱であるビールの売り上げが減っているという状況です。

しかも日本の市場では、キリン、アサヒ、サントリー、サッポロという大手がシェアを喰い合っており、各ビールメーカーが研究開発をして、切磋琢磨して、ビールよりも味の劣る（※個人の感想です）発泡酒を一生懸命造っているのです。

客観的に見ればビール会社の人たちも、発泡酒などを造るより美味しいビールを造ったり、ほかの商品を開発することに力を注いでもいいと思うのですが、会社に所属している以上、会社の命令には従わなければいけませんし、失業した後の生活不安もありますので、黙ってせっせと発泡酒造りに励んでいるのです。

問題はこの「失業後の生活不安」というところにあります。これがあるために、多くのビジネスマンは会社組織の中で、会社の命令に従ってやりたくない仕事でもやらなければならず、嫌いな上司と毎日顔を突き合わせ、小言を言われ、サービス残業までして、骨身を削って働いているのです。

そこでもし、このベーシックインカムの制度を活用して、これらのビジネスマンを含むすべての人に月々7万円を支給したらどうなるでしょうか?

まず、月に7万円くらいあればなんとか生活できるという人は、たとえば発泡酒でなく、めちゃめちゃ美味しいクラフトビールを自分で造るために、さっさと会社を辞めるという選択肢が生まれます。

そこで本当に美味しいビールを開発して、日本だけでなくネットなどを活用して海外にも販路を広げていったら、とても面白いと思います。

またビールの販売戦略は、中身だけではありません。パッケージで勝負してもいいのです。オリジナルのキャラクターや日本的なデザインでもいいですし、著作権の問題がありますので簡単にはいかないかもしれませんが「鬼滅の刃ビール」みたいなものを売

図 15　ベーシックインカムのイメージ

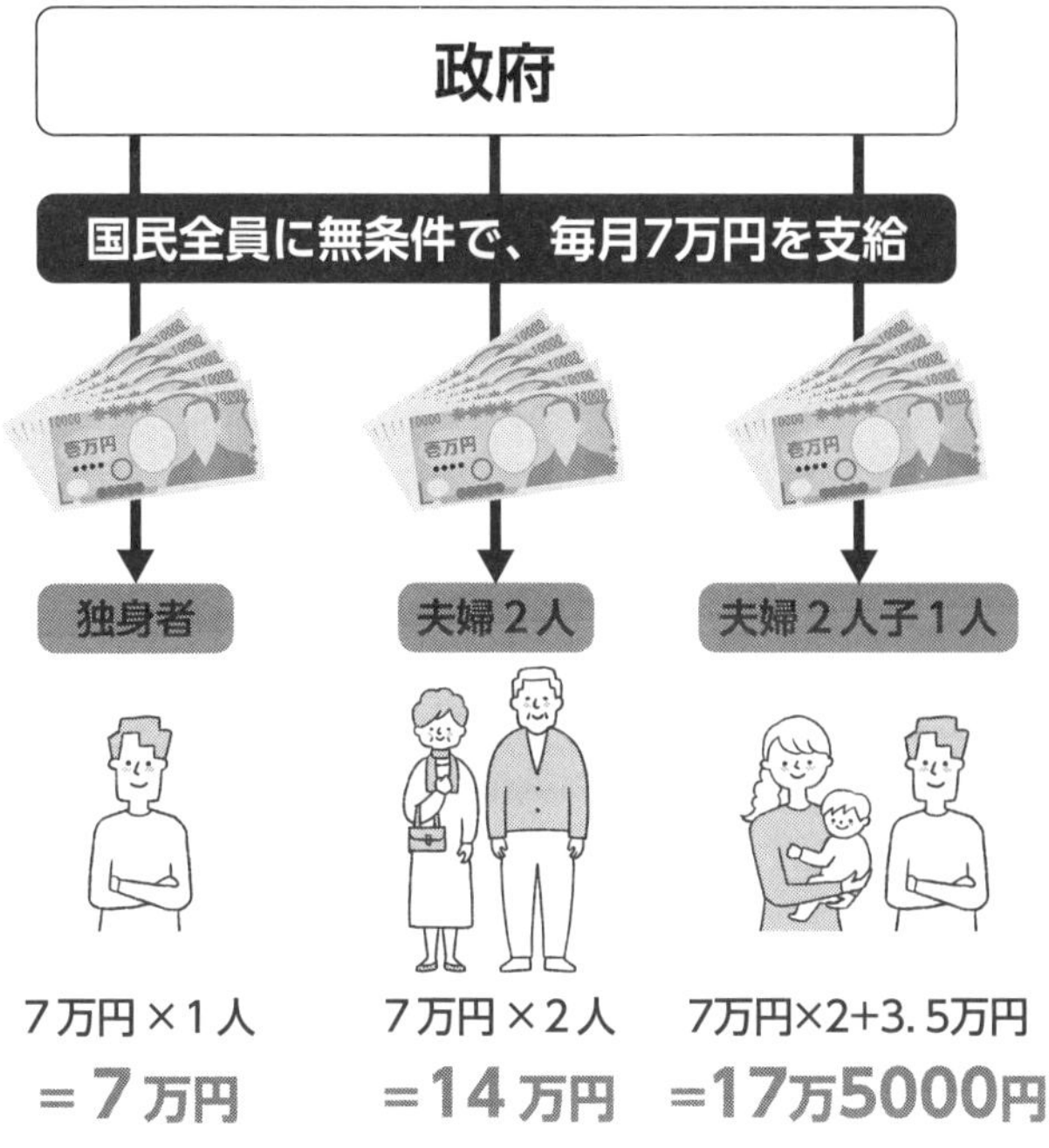

り出してもいいでしょう。

それが日本のアニメやキャラクター好きな外国人の目に触れて、たくさん売れれば外貨を稼ぐこともできます。

国内で大手がしのぎを削っているマーケットでわざわざ勝負するのではなく、ゲリラ的に海外の市場に参入するのも自由なのです。

生活保護が受け取れない人も

このベーシックインカムについて、もう少し詳しく説明します。

まず、ベーシックインカムを導入する条件として、「大陸ではないこと」というのがあります。たとえばヨーロッパのある国がベーシックインカムを始めてしまうと、周辺の国々の人が、皆その国に集まってきてしまうのです。するとその財源も破綻して、制度自体が続かなくなってしまう。だから地続きの大陸ではなく、日本のような島国のほうが、この制度の導入には向いているのです。

次にベーシックインカムの制度の内容ですが、これはもともと社会保障の代替制度として考えられたものです。

現状では生活に困っている人に対して生活保護制度がありますが、生活保護費は働いて収入を得ると減らされてしまいます。イメージとしては月13万円の生活保護をもらっている人が3万円のアルバイトをすると、生活保護費はその3万円の半額くらいが引かれてしまうのです。

その時点で誰もが気づくと思いますが、生活保護を受けるのであれば、働いても家で寝ていてもあまり変わらないという結論に至ります。

しかも役所のほうでもなるべく生活保護を与えないように、申請に来た人たちに対して「窓口対策」を行います。

「親御さんや親戚にお金持ちがいるのではないか、そこからお金を借りることはできないか」とか。

「若いし健康なんだから、働こうと思えば働けるんじゃないか」とか。

こういったことを言いながら、なるべく生活保護を受けない方向に誘導していきます。言われたほうも、確かにまだ自分は働けるかもしれないと思い、窓口で紹介されたハローワークに行ってみます。しかし仕事をしてないのは、してないなりの理由があるので、ハローワークに行っても簡単に仕事が見つかるとは思えません。結局仕事も見つからず生活保護も受けられず、すごすごと家に帰っていくということになってしまうのです。

運良く生活保護を受けられたとしても、いろいろ生活が制約されます。たとえば冷暖房を使っていたり、ペットを飼っていたり、中古車でも車に乗っていたりすると、「生活保護を受けているくせに」というような目で見られることもあります。

誤解のないように言っておくと、生活保護を受けてるから仕事をしてはいけないとか、ペットを飼ってはいけないというような制約があるわけではありません。ただ実際に仕事で収入を得ると、生活保護が減額されることはありますし、また「生活保護を受けているくせに」という後ろ指をさされるという事例は実際に少なくありません。

実は、そういう後ろ指をさされるような中傷をあまり気にしないような人のほうが生活保護を受けやすいのです。生活保護を受けるのに十分な条件を満たしている人でも半数近くは生活保護申請していない、もしくは申請しても説得されて諦めてしまうと言われています。

一方で言い方は悪いですが、現行の制度だといわゆる厚顔無恥な人のほうが、堂々と生活保護を受けやすいということになってしまっているのです。

国の制度ですから、僕も生活保護は堂々と受け取ったらいいではないかと思うのですが、日本人の奥ゆかしさか、なかなかそうもいかないという人も少なくないようです。また実際に、生活保護の不正受給をしている人などもいます。

そこで生活保護に代わるベーシックインカムという制度を、僕は推したいと思うわけです。

ベーシックインカムのルールはシンプルで、とにかく全員に一律7万円を渡します。その使い道は自由です。極端な話、パチンコやVTuberのスパチャに使っても構いません。

また、7万円以上お金が欲しいのであれば、自分で働いて稼げばいいのです。もともと手取り収入が少なかった人でも、7万円に上乗せする形で給料をもらえば、ある程度まとまった金額が手に入ります。

生活保護を受けているから一切働きませんという人より、ある程度お金があるこの幸福感を味わった人のほうが、もっと働いてお金を増やそうというモチベーションも湧くのではないでしょうか。

地方に住むには十分な金額

ベーシックインカムを机上の空論で終わらせないために、実際カナダやヨーロッパの国でベーシックインカムの実験が行われています。

フィンランドで行われた実験では、一律約28万円が配られたそうです。ただ僕自身は28万円はちょっと多すぎると思います。

ではどのくらいの金額を支給するのが適正かということでウエブ上の会議などで意見を出し合いながら検討した結果、7万円ぐらいが適正ではないかということに落ち着きました。

月7万円だけだと東京で暮らすのはマジで無理なのですが、先述のようにベーシックインカムは働いて給与を上乗せすることは構わないので、どうしても東京に住みたいという人は、7万円プラス必要な金額を計算して一生懸命働けばいいと思います。

ただ僕らが考えているベーシックインカムのイメージは、家賃の安い地方で暮らすというものです。

場所にもよりますが、地方に行くと家賃1万5000円くらいの物件に住むこともできます。家賃を引いても5万5000円残りますし、地方は物価も安いですから、独身であればそれだけで十分に暮らせます。

もう少し贅沢な暮らしがしたいという人は、たとえば家賃6万円のアパートに住んで、月に手取り13万円くらいの仕事をすれば、14万円くらいの可処分所得が残ります。地方では買い物に行くのに車が必要になることもあるでしょうから、何カ月かお金を貯めて中古の車を買えば、生活にも便利ですし、そこそこ不自由のない生活ができるのではないかと思います。

図 16　地方なら“余裕”で暮らせる

地方に住むメリットとしては、畑を持っている近所の人と仲良くすると、その畑で作っている野菜がもらえたりすることなども挙げられます。

少子化対策にもその効果を期待

先程は独身者のケースを考えてみましたが、これがカップルだったらどうなるでしょうか。

カップルであれば2人で14万円のベーシックインカムがもらえます。家賃6万円の家に住んでも可処分所得が8万円残ります。地方ならこれだけでも十分に生活できるでしょう。

カップルがベーシックインカムを利用して地方に住むことの、もう一つのメリットがあります。

地方に住んでいると娯楽が少ないので、カップルで暮らした場合、できる娯楽も限られてきます。そこで、先にアメリカの停電の話の中でも紹介しましたが、子作りの機会が増えます。実際、昔の日本の農村では、子どもが5〜6人いるのは当たり前でした。

僕らが提案しているベーシックインカムのプランでは、子どもが生まれた場合は両親の7万円ずつに加え、子どもには半額の3万5000円が支給されます。つまり、2人のカップルに1人の子どもが生まれた場合、17万5000円が支給されるわけです。さらにもう1人子どもが増えれば、支給額は21万円になります。

今の日本の家庭で、両親が20～30代、子ども2人の計4人の家族構成で、21万円以下の所得で生活している家庭は珍しくありません。

ただし子どもが成長して学校に行くようになると、21万円の収入では少し厳しくなってくるかもしれません。

その場合、旦那さん1人の稼ぎでなんとかしなければいけませんが、すでに21万円のベーシックインカムがあるので、そこに上乗せしようと思えば、無理に高収入の仕事をする必要はありません。

たとえば月に手取り15万円の仕事をしたとします。このぐらいの金額であれば、コンビニのアルバイトなどでも稼ぐことは可能でしょう。15万円の収入を21万円のベーシックインカムに上乗せすると、36万円になります。36万円あれば子ども2人を育てて家庭を営むのもそれほど難しくはないでしょう。

もしベーシックインカムがなく、毎月36万円の収入を得られるような仕事を見つけるのはなかなか難しいと思います。ましてや地方でそんな高収入の仕事が簡単に見つかるとは思えません。ベーシックインカムはこういうケースでの家計の助けにもなるのです。

財源としての固定資産税の引き上げ

このように考えると、ベーシックインカムは、少子化対策にも寄与するということができると思います。

その際ベーシックインカム実現のためには、財源が必要になるではないかと誰もが考えるでしょう。その点も僕らは試算してみました。

ベーシックインカム支給対象者の中には、7万円支給される大人と、3万5000円支給される子ども（0〜17歳）がいますので、これらの人口構成別に支給額を分けて計算すると、概算で93・76兆円が必要になります。

その予算を捻出するための案ですが、まず、医療費を3割負担にします。現状、70歳未満の人は医療費は3割負担で高齢者は1割ないしは2割負担ですが、これを全員一律で3割負担にします。

ベーシックインカムは生活保護費の代わりに支給するわけですから、年金も7万円分減ります。つまり手取りの額は年金をもらうのと同じイメージなのですが、その名前がベーシックインカムとして支給されるので、年金は必要ないということになります。これでおよそ21兆円の財源が確保できます。

次に、固定資産税を5、6％まで引き上げます。固定資産税というものがどういう性質の税金かというと、土地や建物を持っている人なので、ある程度お金持ちに対する資産課税という意味合いがあります。

お金持ちに対して資産課税を行うと、そのお金持ちは日本から逃げ出してしまい、税金が取れなくなるという問題があります。

しかし固定資産の場合は、課税対象が土地や建物なので、海外に持ち出すことができないのです。

加えて最近は外国の資産家が日本の土地を購入するケースも増えていますが、こうした固定資産に課税ができれば外国人のお金持ちから税金をバンバン取れるわけですから、なかなかおいしい徴税方法ではないかと思います。

企業における解雇要件の壁

このようにベーシックインカムはかなり実現可能性の高い制度ではないかと思うのですが、制度が導入されると少子化対策に寄与するだけでなく、経済対策としても効果を発揮すると考えられます。

先ほどのビール会社の例でも挙げましたが、労働者がやりたくない仕事や自分の能力を発揮できない職場で無理やり働かされるという状況から解放されます。つまり仕事を辞めても、それまでの蓄えと合わせてしばらくは食いっぱぐれる心配がないので、やりがいのある職場に自由に移ることができるようになるのです。

また、ベーシックインカムは、収益性の低い今の日本企業の立て直しにも役立ちます。

たとえば、シャープの液晶テレビがあまり売れなくなったとします（あくまでも仮定の話です）。その代わりにパソコン部門が好調だったとします。

会社としては利益率の高いパソコン部門に資金と人材を投入して収益を上げていきたいところですが、優秀な人材を雇ったり、研究開発に資金を投入したりということをやろうとしても、不採算部門であるテレビ部門の人たちの給料も払わなければならないため、そうした余裕資金が捻出できません。

その結果として会社全体の収益が下がってしまうということになるのですが、今の日本の製造業では、こういう事例が多く見られます。

不採算部門が会社の収益の足を引っ張っているのであれば、その部門を閉鎖して従業員を解雇すれば問題は解決するかもしれませんが、実は日本の労働基準法上、従業員を解雇するためには以下の５つの内容において正当な理由が説明できなければなりません。

①勤務態度　②勤怠不良　③他従業員とのトラブル　④協調性欠如　⑤能力不足

実際これらの内容を納得性のある形で説明するのは難しいので、事実上、解雇は難しいという結論にならざるを得ません。

もしこの解雇規制をなくすことができれば、日本企業の収益は向上し、架空の計算ではありますが、法人税収も倍くらいに増やすことができるのではないかと考えます。概算で10兆円くらい増えるイメージでしょうか。

つまり、必要のない赤字を埋める必要がなくなり、企業の収益も向上するので法人税も多く徴収することができるようになります。

このほかの財源として、タバコの値段引き上げやパチンコ税などを加えると、約88兆円くらいの財源が確保できます。残りの5兆円については、法人税率そのものの引き上げなどを視野に入れています。

政策へのアプローチ

このようにベーシックインカムの具体的な導入方法や財源、その効果についてはかなり具体的なシミュレーションが出来上がっているのですが、最終的な問題は、それが国会に法案として提出され、可決されて、政策として実現するかどうかということです。

現状では日本維新の会を中心として、このベーシックインカムが国会でも議論されています。

２０１６年の話になりますが、日本維新の会の母体である大阪維新の会を設立した元大阪府知事・大阪市長の橋下徹さんと、アベマの番組で議論する機会がありました。

そのとき橋下さんはまだベーシックインカムという制度自体をご存じなかったのですが、ここに紹介したような内容を説明すると、それを熱心にお聞きになり、財源の確保が可能ならありえるかもしれないということをおっしゃっていました。

おそらくこの話を維新の会の最高顧問の立場として、政党内でお話しいただいたのではないかと思いますが、今では維新の会の公約としてベーシックインカムが掲げられています。

そのほかにも東京都知事の小池百合子さんが立ち上げた希望の党の公約にも掲げられました。

今後こういう党が次々と現れて、ベーシックインカムを国会での議論の俎上に載せて、政策の実現に向けていくよう応援していきたいと思います。

第4章

お金がすべてじゃないが幸せになるにはお金が必要

ひろゆき劇場
その
よん
えー神奈川県ペンネームぱそなさんからの質問です
ピンハネ国家から苦しめられない方法はないのでしょうか？
ピンハネされても困らないくらい金持ちになっちゃえばいいんじゃないすかね
トマ・ピケティさんのこの理論思い出してください
r＞g
資本収益率
経済成長率
カラ カラ カラ カラ カラ

残酷ですね 死ぬほど 働いても 資本が資本を 生み出すスピード には敵わない なんて
がくっ
たとえば 10億円持ってる 人が年1%で 運用したら 1000万円 でしょ?
その 1000万円から 引かれる 税金は約20% だから 800万円は 残ります
同じ年収 1000万円 でも
給与所得
手取り700万円程度
株で得た利益
手取り約800万円
でも年収 1000万円だと 税金や 社会保険料が 引かれて残るのは 600万円か 700万円
正論だけど ひろゆきさん みたいに億る のは無理ゲー でしょうー 現実的にー
いや いや
20~30代 前半なら 余裕ですよ
まずは NISA口座を 開いてください
オルカン
eMAXIS Slim
うらぁっ
そこで 全米か全世界に 投資する ファンドに毎年 ぶっ込めるだけ ぶっ込んで 積み立てる
くらえ 全ツッパ!!

以上です
え
それっぽっちで億れたら
FPいらなくないですか!?
いらないですね
でもそれっぽっちのことやってる人ってどれくらいいます?
それねー
残業代ほど収入にプラスして稼ぐ方法はないんで残業代が出る会社でギャンギャン稼いで投資してさっさとFIREすることですね
うおおお
FIRE
身もフタもないけどごもっともー

お金持ちになるには？

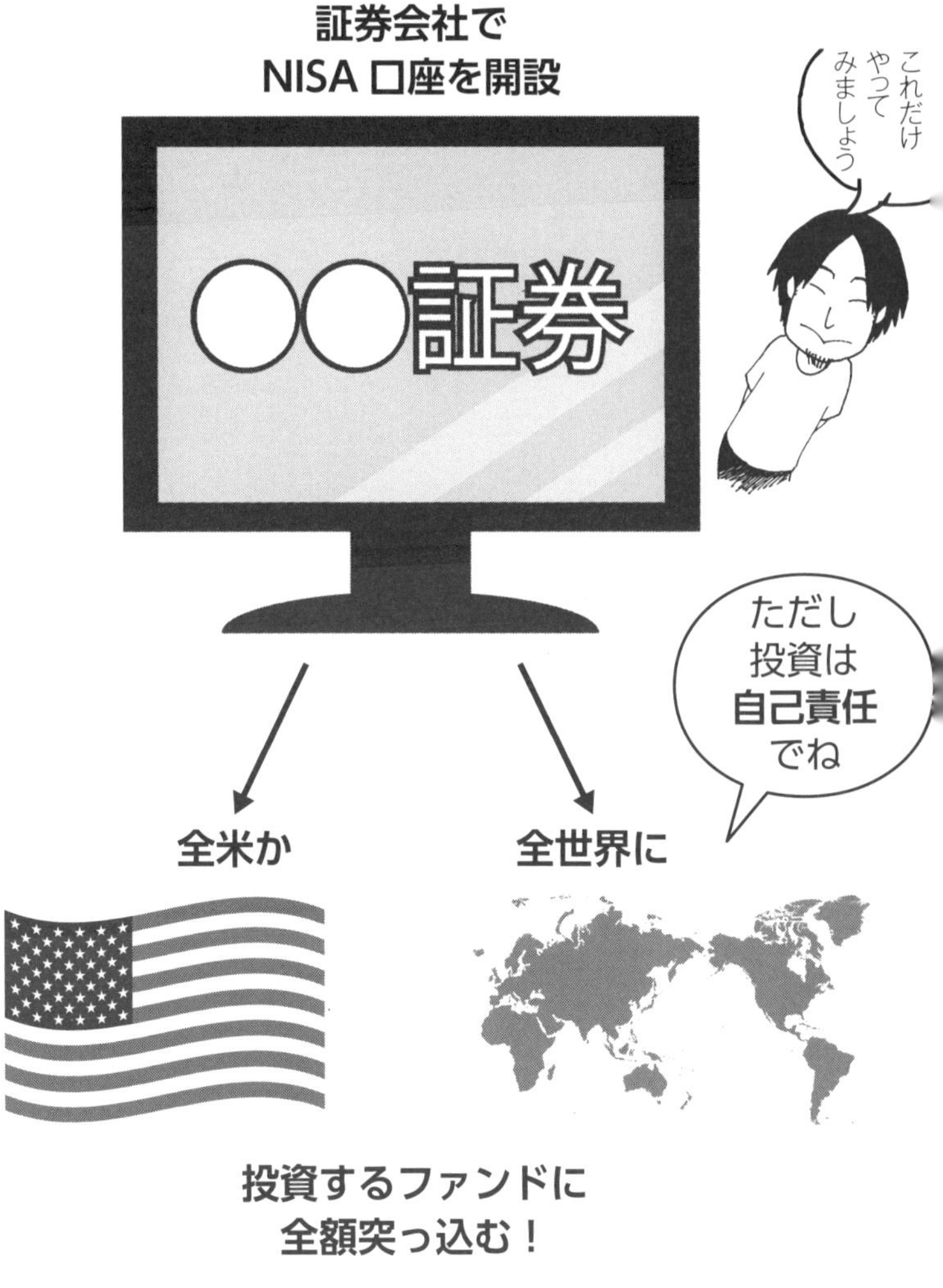
証券会社で
NISA 口座を開設
○○証券
これだけやってみましょう
ただし投資は自己責任でね
全米か
全世界に
投資するファンドに
全額突っ込む！

政治が当てにならないからこそ自分でお金を用意するしかない

自分と家族は自分で守る

ここまでお話ししてきたように、政府から搾り取るだけ搾り取られ、少子化対策などの将来に向けた対策も期待できない、ということになると、最終的には自分や家族の幸福と安心は自分自身で守らなければなりません。

そんなとき、やはり必要となるのはお金です。そこで本書の最終章として、ひろゆき流お金の増やし方・使い方のお話をしていきたいと思います。

企業では、今定年の年齢が延びて、かつては60歳だった定年年齢が、65歳や70歳まで引き上げられるようになりました。

将来年金生活に入る人も、年金の受給開始を遅らせることで、受け取る金額が増えるため、こうした企業の制度に合わせて定年を延ばす人が増えています。

しかし、いつまでも企業の中で働いているのは嫌で、自立できるお金があればF

IRE（早期退職）したいとか、あるいは定年が延長になっても65歳で引退したいと考えている人も少なくないと思います。

そういう僕も、ある程度資産を築いて半引退（よく言えばFIRE）生活を送っているわけですが、やはり定職を離れたのは、自分で好きなことをやりたいという気持ちからでした。しかし早期退職するにしても、やはり先立つものはお金です。このへんを気楽に考えて、十分な蓄えもなしに仕事を辞める人がいますが、老後はそれまでのような収入の道がなくなるわけですから、下手をすれば路頭に迷うことになります。

年を取ってからの再就職は難しいですし、60〜70歳になってパートで働いて自分の息子や娘みたいな若者から怒られながら仕事をするのは、つらいことだと思います。

そこで定年がまだまだ先の話だという人も、還暦を目の前にして年金生活への逃げ切りを考えている人も、ぜひ、ひろゆき流のマネーリテラシーを参考にしてみてください。

若いうちなら「老後2000万円問題」は屁でもない

金融庁が公表したデータからSNS上などで話題になった「老後2000万円問題」というものがあります。「2000万円」という金額は、夫65歳以上、妻60歳以上の夫婦（無職世帯）では、毎月約5・5万円の不足が生じるため、30年後までの不足額が約

1980万円に上るという試算に基づいています。

ざっくり言うと、定年後の30年の間に安心して暮らせる金額として、2000万円を用意しておかなければいけないというものです。しかし現実問題として、65歳時点で2000万円を用意できないという人も中にはいると思います。

また2000万円の前提として、家は「持ち家」です。したがって老後生活を賃貸住宅で送ろうと考えている人、またはご夫婦は、単純に月々の家賃×12×30年を計算して、その金額を2000万円に上乗せした金額を定年までに用意しなければなりません。これはかなりハードルの高い問題だと思います。

そのため65歳で引退を考えている人は、当然ですが、その後30年に必要となるお金を蓄えておかなければならないのです。

これは、20代や30代くらいで、かつ定職を持っている人であれば、それほど深刻な問題ではありません。後で説明する新NISAの口座を開いて、そこで手取り収入から必要な分を除いたお金を全額その口座に入金し、全米または全世界の株式に投資する投資信託（ファンド）を買って毎月積み立てていけばいいのです。

その際、「複利」という言葉も覚えておくといいと思います。要はお金がお金を生んで勝手に増えていく仕組みのことです。

図17　複利の効果

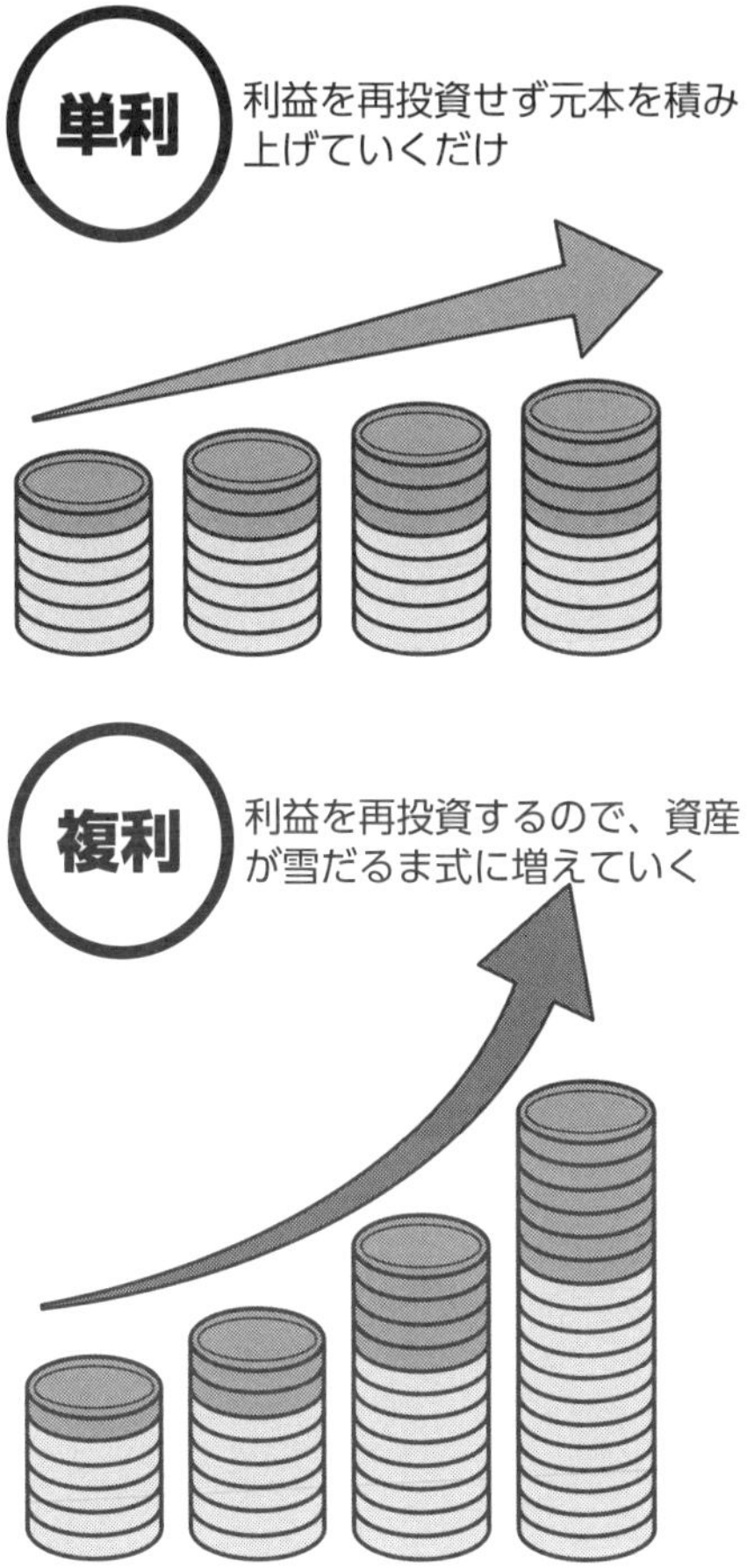

たとえば今30歳の人であれば、年率6％くらいの金融商品に毎月2万円を積み立てていくだけで、65歳の定年までには勝手に資産が2000万円以上に増えています。

今までこうした資産運用をやったことがないという人は特に覚えておいてほしいのですが、投資はとにかく長期で行ったほうが儲けは大きくなります。そのため資産運用をやろうと思い立ったら、もう今日にでも証券会社に口座を開き、投資を始めてください。

2000万円と言わず億単位の資産を築くことも、若いうちであれば夢ではありません。そのくらい若いうちの投資は大切です。もしソシャゲで10万円使ってしまったという人がいたら、それは実にもったいないことです。このあと紹介するファンドにその10万円を投資して30年間放っておけば、そのお金は200万円くらいに増えています。

お金は先の読めない将来のためのもの

お金を増やす方法は、もう1つあります。それは持っているお金を自分の教育に使って仕事に必要な資格を取ったりスキルを向上させ、給与所得を上げていくのです。

初期費用はかかりますが、それによって給料が上がってより大きなリターンを得られるのであれば、これも一種の投資ということになります。

さらに、こうした自分のスキルアップへの投資と株式や投資信託への投資を併用する

図18　2つの投資

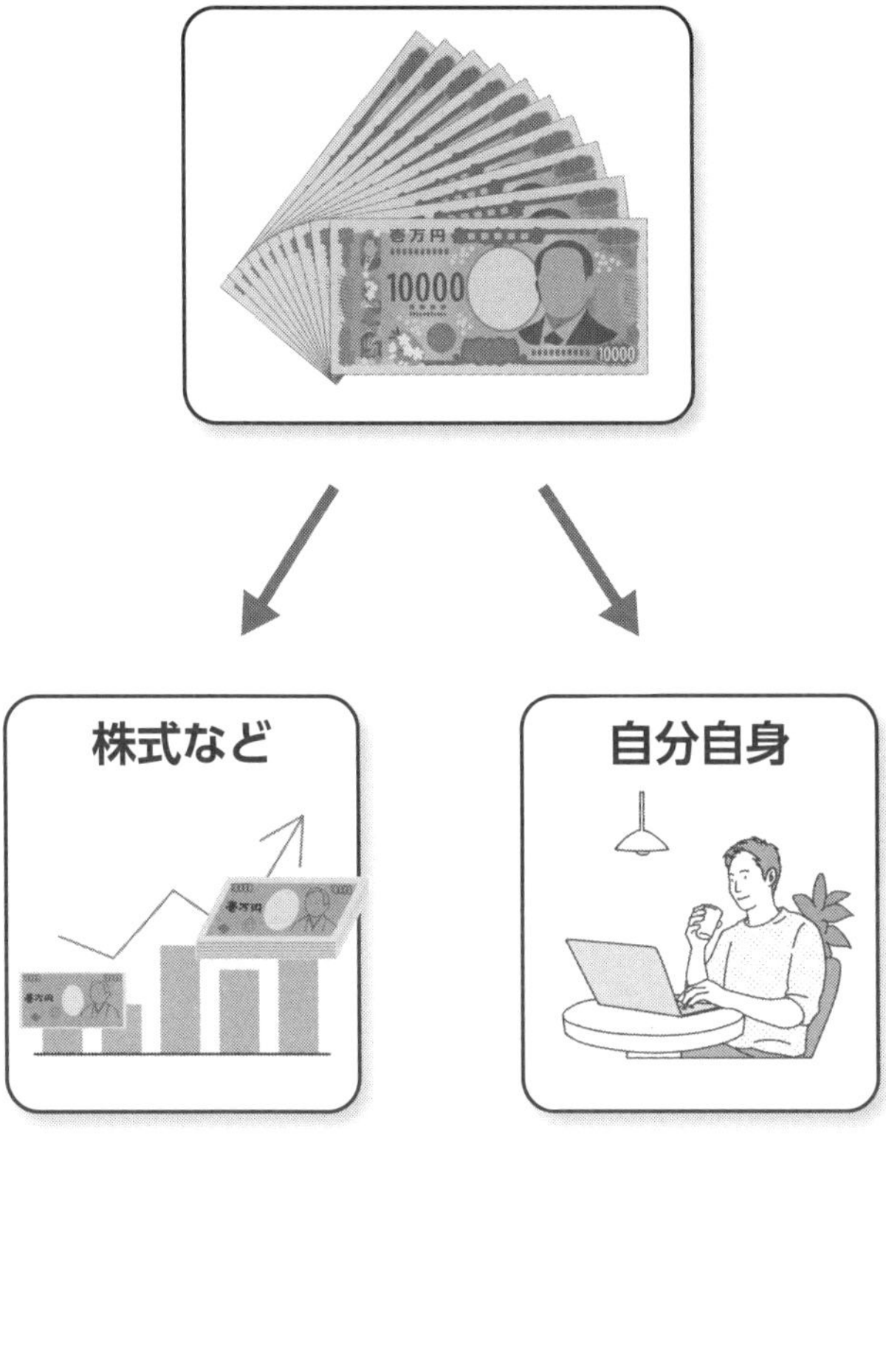

ことも可能です。後述もしますが、とにかく新ＮＩＳＡ口座の開設と投資の回収は一日も早く行い、少額でもよいので少しずつ積み立てを始めていきます。

一方で自分のスキルを磨いて給料が上がっていけば、積み立てていく金額を増やすこともできます。そうすれば単に毎月同じ金額の積立投資を行った場合よりも最終的な金額をより大きくすることができます。

いずれにしても、投資は早いうちに始めたほうがいいです。

よく将来なんてどうなるかわからないという人もいますが、わからないからこそお金を貯めておいたほうがよいのです。だって「わからない」んですから、保険はいくらでもかけておいたほうがいいわけですよね。

もし北朝鮮が「10日後に東京にミサイルを撃ち込む」と宣言したとします。そういうときお金があれば引っ越すこともできますし、あるいはミサイルが撃ち込まれる日の近辺だけ北海道や海外など遠くに避難していればいいのです。これは極端な例かもしれませんが、身近なところで言えば交通事故で大怪我をして入院したときでも、当然お金はかかります。医療費3割負担とはいえ入院ともなればそれなりの金額になります。

お金というのは、本来そういうときのために用意しておくものです。将来がわからないからこそ、わからないなりに貯めるだけ貯めておくに越したことはないのです。

とにかく「今」すぐ新NISAを始めなさい！

まずは今すぐ口座を開設

僕は資産運用をやっていますが、そのせいか、YouTubeなどで「お金を増やすにはどうしたらいいのか」とか、「株式投資を始めたいんだけど、損をしそうで怖いです」とか、さまざまなお金に関する質問や意見が寄せられます。

そこで、今から資産運用を始めたいという人に僕がまずお勧めするのが、NISA口座の開設です。

このNISAについて、名前はよく聞くけど、どういうものなのかわからないという人が案外多いようです。実際僕のYouTube番組に寄せられた質問の中には、「ひろゆきさんだったらNISAとインデックスファンドと債券のうちどれを選びますか」というものがありました。この3つは全く別々のカテゴリーのものなのですが、案外こういう勘違いをしている人が少なくないのです。

ごくごく簡単に言うと、NISAというのは投資して儲かった利益に税金がかからず、利益を丸々もらえるという制度です。この制度を利用するためには、まずNISA口座を開かなければなりません。

NISA口座でなく普通の証券口座で投資をしたら、そこで儲かった利益には20%の税金がかかります。10万円儲かったら約2万円、100万円儲かったら約20万円が税金として引かれてしまうのです。

しかしNISA口座を使って投資すれば、これが非課税となります。100万円儲かったらその100万円が丸々手に入るのです（厳密に言うと手数料などがかかることもありますが、ここでは省略）。

NISAについては、ゴリゴリに株式投資など資産運用をやっている人からすれば常識中の常識なのですが、ここでは投資に関して超初心者の人でもわかるようにNISAの解説をしていきたいと思います。

買う商品（ファンド）は2つだけ

まずとにかくこれから本気で資産運用を始めたいという人、お金を増やしたいという人は、証券会社でNISA口座を開設してください。利用するならネット証券が簡単で

図19　ネット証券のウェブサイト（楽天証券の例）

楽天証券のホームページ

どの証券会社も
NISAには力を入れている

便利です。

証券会社もＮＩＳＡ口座の開設はウェルカムですので、各社のウェブサイトを開けば、いやでも「ＮＩＳＡ口座開設」というタブが目に入ってくると思います。

株式投資をやったことのない人は、どの証券会社にしたらいいかということもわからないと思いますので、とりあえずＳＢＩ証券、楽天証券、マネックス証券、松井証券あたりの有名どころのサイトを開いてみればいいと思います。図19のような感じです。

また証券口座を開設してから取り引きを始める手順も簡単に図20にまとめておきましたので、参考にしてください。

難しい解説をすると特に初心者の方は混乱すると思いますので、ＮＩＳＡの詳しい内容は後ろのほうのページで説明します。そしてここではごく簡単に、ポイントだけ押さえておきたいと思います。

まず、まったくの投資初心者という方は、トヨタ自動車とか、ソフトバンクグループとか、社名のついた株（これを個別株と言います）を買わないほうがいいでしょう。

ＮＩＳＡ口座には「つみたて投資枠」と「成長投資枠」という2つの枠がありますが、とにかく「つみたて投資枠」のほうを選んでください。こちらを選んだ時点でトヨタやソフトバンクの株は買えなくなります。

図20　口座開設から売買開始の手順

NISA口座を開設

すでに口座を持っている人は新たにNISA口座を開設し、
これから証券会社に口座を開設する人は
証券総合口座を開設する際、一緒にNISA口座も
開設するよう手続きする

本人確認書類
(マイナンバーカード、
免許証など)が必要

↓

NISA口座開設完了

↓

NISA口座に入金して取引開始

↓

税務署で二重口座でないかを確認(※)

仮に二重口座だった場合は、NISA口座で買い付け済の商品を
買付日に遡って一般口座に移し替えられる

(※) NISA口座は複数の証券会社で開設できないため、税務署への確認が必要。税務署への確認は、証券会社が行ってくれるケースが多い。まずは仮口座を開設して取引を開始し、証券会社で税務署への確認が取れたら本口座を開設するという流れが一般的(金融機関により異なる場合もある)

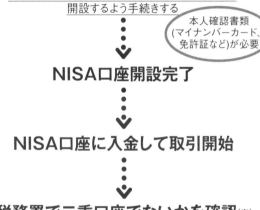

では実際に何を買ったらいいのかといったら、お勧めは次の2つです。

①eMAXIS Slim 全米株式
②eMAXIS Slim 全世界株式（オール・カントリー）

ほかにもいろいろありますが、この2つのどちらかで十分です。①は最小単位が1万2000円、②は2万5000円あれば買えるはずです（2024年4月16日現在）。

120万円全額突っ込むな！

最後に、NISAで投資を始めるにあたっての注意点を、いくつかお話ししておきます。NISAについては、「今すぐ」始めてください。早く始めてなるべく長い期間続けていったほうが、お金も増えます。

また、実はこの「つみたて投資枠」には、年間で120万円まで投資ができます。右の①②のファンドは、2024年3月末時点で利回り（利息のようなもの）が10%を超えていますから、仮に120万円でどちらかのファンド（もしくは①②を60万円ずつ）を買ったら、1年で12万円の利益が出ることになります。その12万円には、すでに説明したように、税金がかかりません。

ただし、120万円まで買えるからといって、生活費まで削って投資するのはNGです。先述のように、月1〜2万円の投資でも、30年くらい続ければ2000万円にはなります。一度にドカッと注ぎ込まず、少しずつ、長い期間をかけて増やしていくのが投資の基本です。

以上がNISAについての概要ですが、本当にざっくりとポイントを述べただけなので、もう少し制度の細かい点などをこのあと説明します。

投資について、NISAについて

ちょっと教科書通りの説明になりますけど、NISAで説明しなければいけないと言われている基本的な情報だけ載せておきます。「もう知ってるよ」という人は飛ばしてもらって構いません。

そもそも株式投資ってなんで儲かるのかっていうイメージが図21になります。投資信託(ファンド)はいろんな株式を小分けにして一つの袋にごちゃっと入れたものだと思ってください。安いときに買って高いときに売ったらその差額分だけ儲かるという仕組みは株式も投資信託も同じです。

次の図22は、金融庁や証券会社のサイトでよく見る、新NISAの説明図です。

とにかくNISAの魅力は、儲かった利益については非課税になるということ。NISAをやらないで普通に投資して、せっかく儲かったのに20％ちょっとの税金を取られるなんて、はっきり言って頭悪いです。

あと、NISAには先ほども説明したように、「つみたて投資枠」と「成長投資枠」の2つの枠があります。このうち「つみたて投資枠」で買えるのは基本、ファンドだけです。「成長投資枠」のほうは、ファンド以外に個別株も買えます。つまりトヨタ自動車とかソフトバンクグループとか、ソニーとか、NTTなど企業の株（株式）です。

ただ初心者の方は、初めから個別株を買わないほうがいいと思います。トヨタ自動車の株を買ったから必ず儲かるというわけではなく、大損することもあるからです。

どうしても個別株に投資したいという人は、まず株式投資関連の本を最低でも4〜5冊は読んで、基本的な知識を身につけてから買ったほうがいいと思います。

あるいは、成長投資枠で、先に紹介した「eMAXIS Slim 全米株式」「eMAXIS Slim 全世界株式（オール・カントリー）」のどちらかを軽く買ってみて、利益を出す仕組みを実感してから、個別株にチャレンジしてもいいでしょう。

図21　株価が上がる仕組み

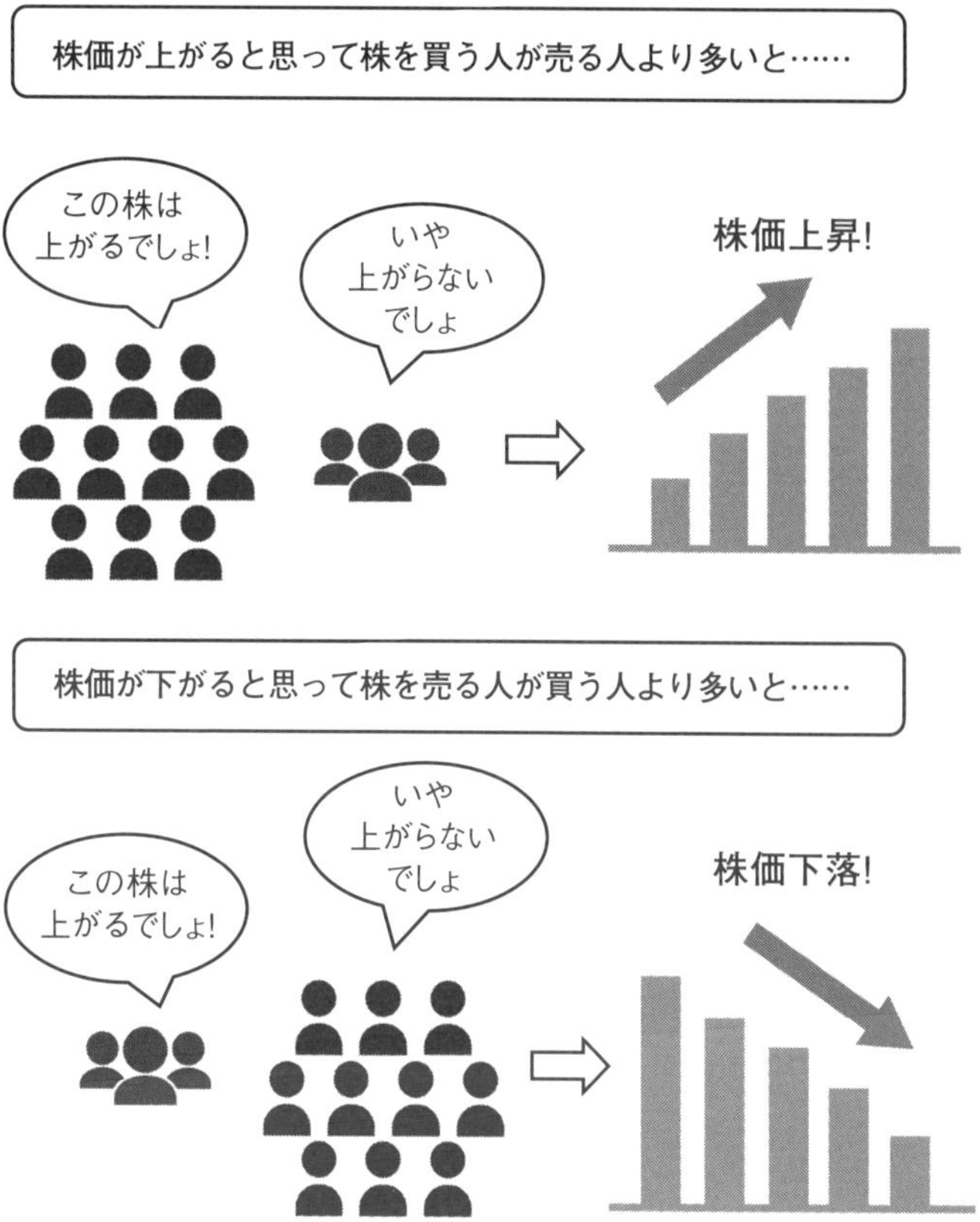

株式投資は「美人投票」と言われるように、「この企業の株は上がる」という人が多く投票すれば（株を買えば）株価が上がり、「この企業の株は上がらない」「下がる」という人が多ければ株価が下がる

図22　新NISAの概要

2024年から始まった新NISAの内容		
対象者	日本に住んでいる18歳以上の人 (口座を開設する年の1月1日時点)	
口座開設期間	いつでも可	
非課税保有期間	無期限	
制度の併用	NISA制度内で2つの枠を併用可能	
	つみたて投資枠	成長投資枠
投資対象商品	長期の積立・分散投資に適した一定の投資信託	上場株式・投資信託など (高レバレッジ型および毎月分配型の投資信託などを除く)
買付方法	積立投資のみ	通常の買付・積立投資
年間投資枠	120万円	240万円
非課税保有限度額(総枠)	2023年までのNISAとは別枠 1800万円(生涯投資枠) ※売却すると投資枠は翌年以降、再利用可能	
		1200万円(内数)
売却可能時期	いつでも可能	

日経平均4000０円超えで浮かれるのは早い

ようやく30年前の株価に回帰

新ＮＩＳＡのところで超初心者向けの解説をしたので、基本的なことばかりでこいつ本当に株に詳しいのかとか思われてしまうかと思い、ここでもう少し株や投資をやり込んでいる人向けのお話もしていきたいと思います。

日経平均株価がバブル期の最高値を超えて4万円の大台に乗りました。これをもって日本景気いいじゃんみたいなことをニュースなどで言っているのですが、よくよく考えてみれば実はこの30年間、日本は全く成長していないのです。結局30年前の株価にようやく戻ったというだけの話ですからね。

一方でアメリカの株価を見ると、１９９０年代のＮＹダウの株価に比べて、今の株価は10倍以上になっています（図23）。そのとき１００万円で株を買っていたら、今１０００万円になっているということですよね。

日本の株式の場合は、バブル期にもし株を買っていたとしたら、超高値づかみだったということになります。なにしろ一番高いところで買ってしまったわけですから、その後30年間はずっと株価が上がらず塩漬け状態で、30年たってやっと売りに出せるというレベルなのです。

アメリカに投資していれば資産は10倍だった

この30年間で成長していたのは、アメリカだけではありません。中国やインドなどほかの国も成長していて、平均成長率で見ると5～6%、あるいはアメリカ同様10%近く成長しているところもあります（図24）。

この間の日本の成長率はせいぜい1%程度で、時にはマイナス成長の年もありました。このように見ていくと、日本企業の株式を買ったりして日本に投資するよりも、外国の株や通貨に投資したほうがお得だということがわかります。具体的に言えば、20代の人がなけなしの100万円を日本株に投資して、50歳になったときにそれに利子がついて105万円か110万円になったというレベルの話なのです。

もしそのお金をアメリカに投資していたら100万円は1000万円になっていました し、インドに投資しても500万円くらいにはなったということです。やはりせっか

図23　日米の株価比較

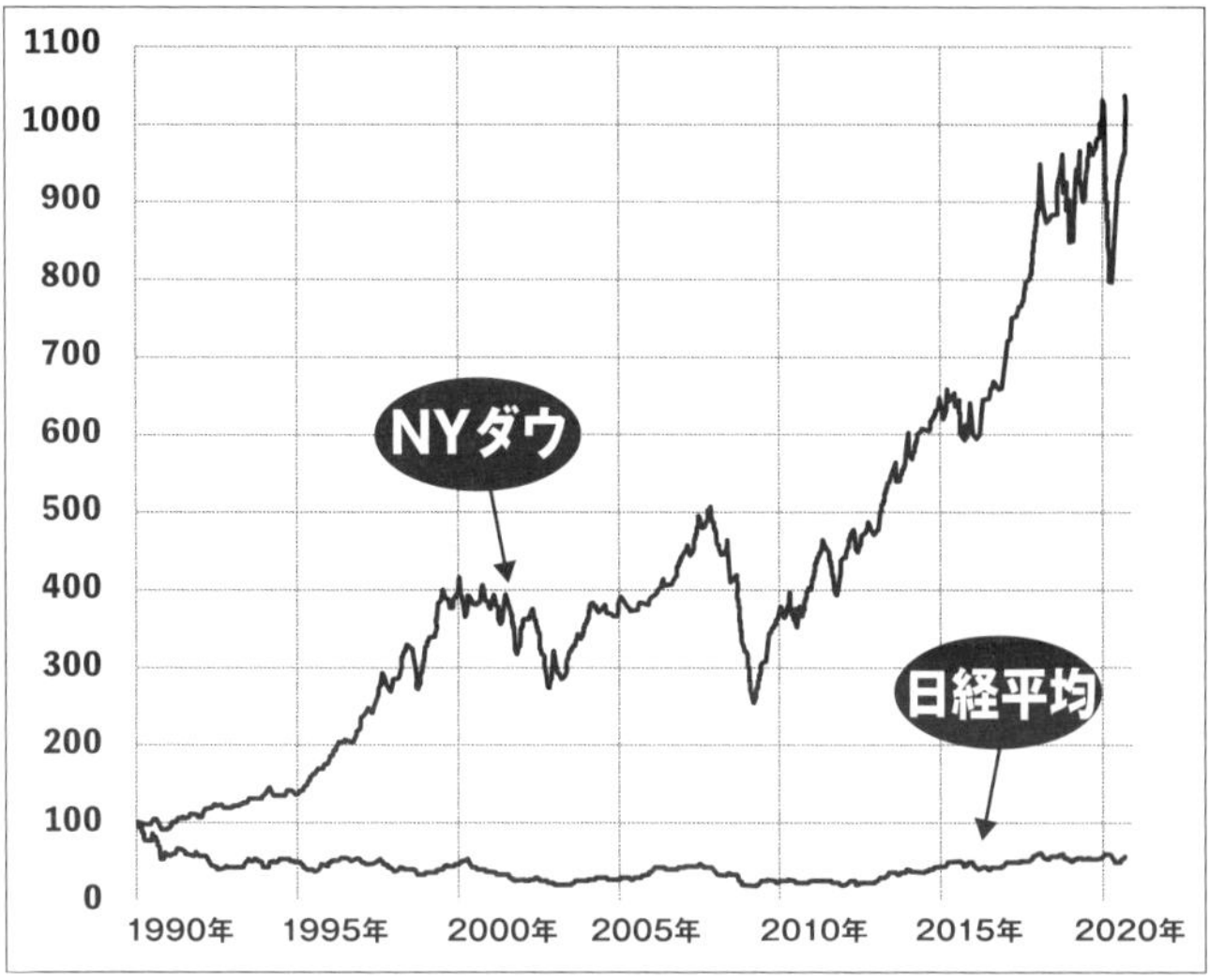

※1989年末の値を100として指数化

図24　各国のGDP推移比較

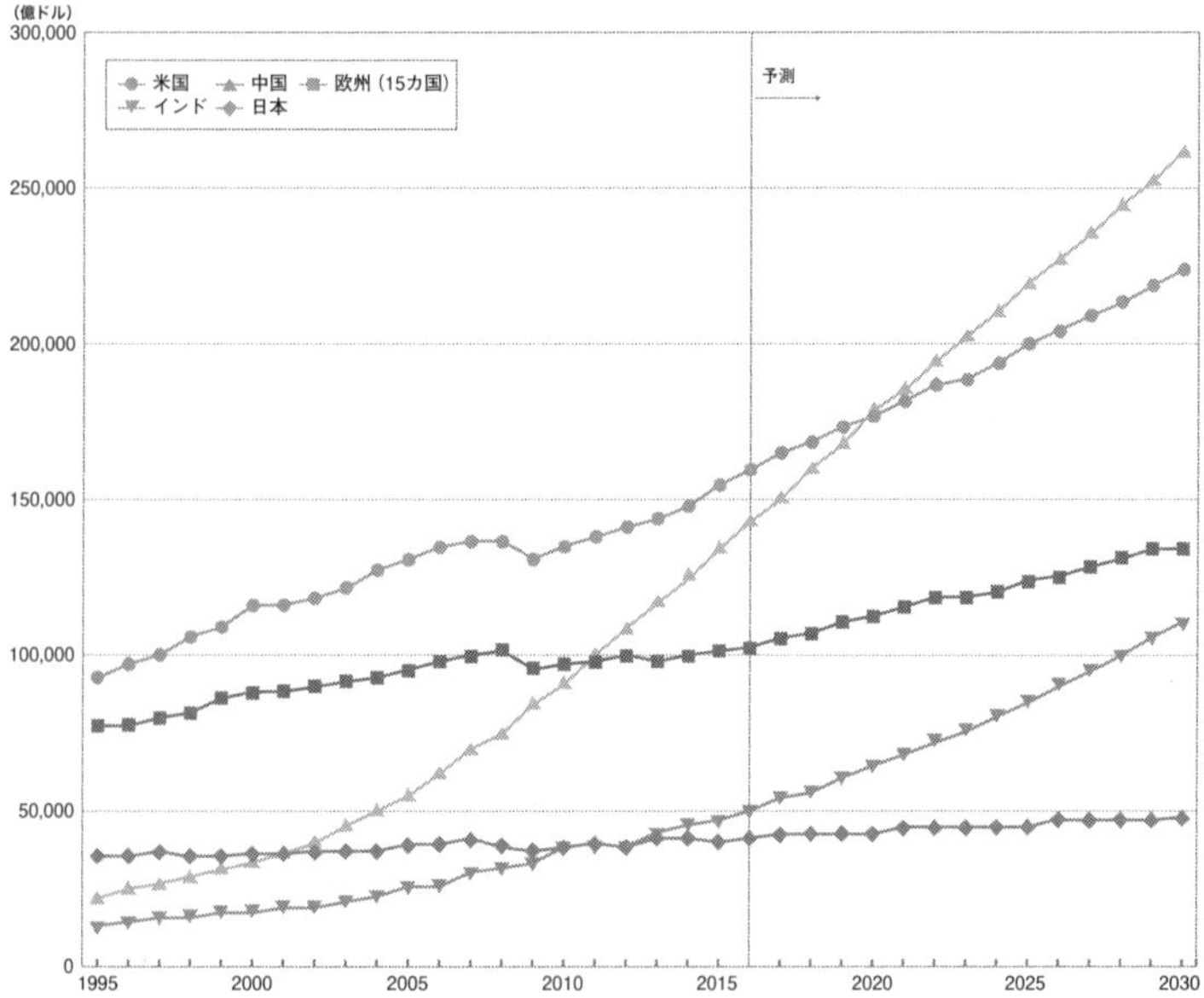

く30年間も投資してきたのだとしたら、お金が10倍くらいにはならないと夢がないですよね。その意味でも、これから投資を始める人は、先に説明したＮＩＳＡを利用して、全米の株式に投資する「eMAXIS Slim 全米株式」でコツコツお金を積み立てていくのがいいと思います。

なぜ全米の株式がいいかといえば、先程紹介した図23のグラフの比較を見てもらえれば一目瞭然だと思います。全米の株式は途中細かな株価の上がり下がりはあるにせよ、確実に右肩上がりで伸びています。

この成長が今後も同じように続くかどうかはわかりませんが、少なくとも日本のように30年株価が低迷し続けることはないと思います。

「eMAXIS Slim 全米株式」をおすすめするのは、全米の株式に幅広く投資するファンドなので、この商品を購入するだけで自然に分散投資ができる形になっているからです。

それでも今後の米国経済の先行きに不安を感じる人は、僕がもう一つ紹介した「eMAXIS Slim 全世界株式（オール・カントリー）」に投資すれば、全米だけでなく全世界の株式が含まれてくるので、万が一米国経済がコケたときでも、他の国々の株式などで生じた損失を避けることができます。

実収入を増やすための「エクストラタイム」

第三の就業形態

新ＮＩＳＡや株式投資の話をしてきましたが、やはり働いている人は実収入である給料を上げていく努力も必要だと思います。投資をする上でも種銭《たねせん》と呼ばれる元手がなければ、お金を増やすことはできないからです。

日本の企業に勤める労働者の就業形態は、フルタイムとパートタイムに分かれています。就業形態というのは、日数や時間を基準とした仕事の分け方です。それに対して雇用形態というのがあって、こちらは正社員、契約社員、パート、アルバイトに分かれています。

ここでのテーマは「就業形態」のほうです。

よく日本の企業社会で問題にされるのは、同じフルタイムの社員であっても、男性のほうが女性より給料が高い傾向にあるということです。同じ就業形態、同じ職位・職級

図25　3つの就業形態

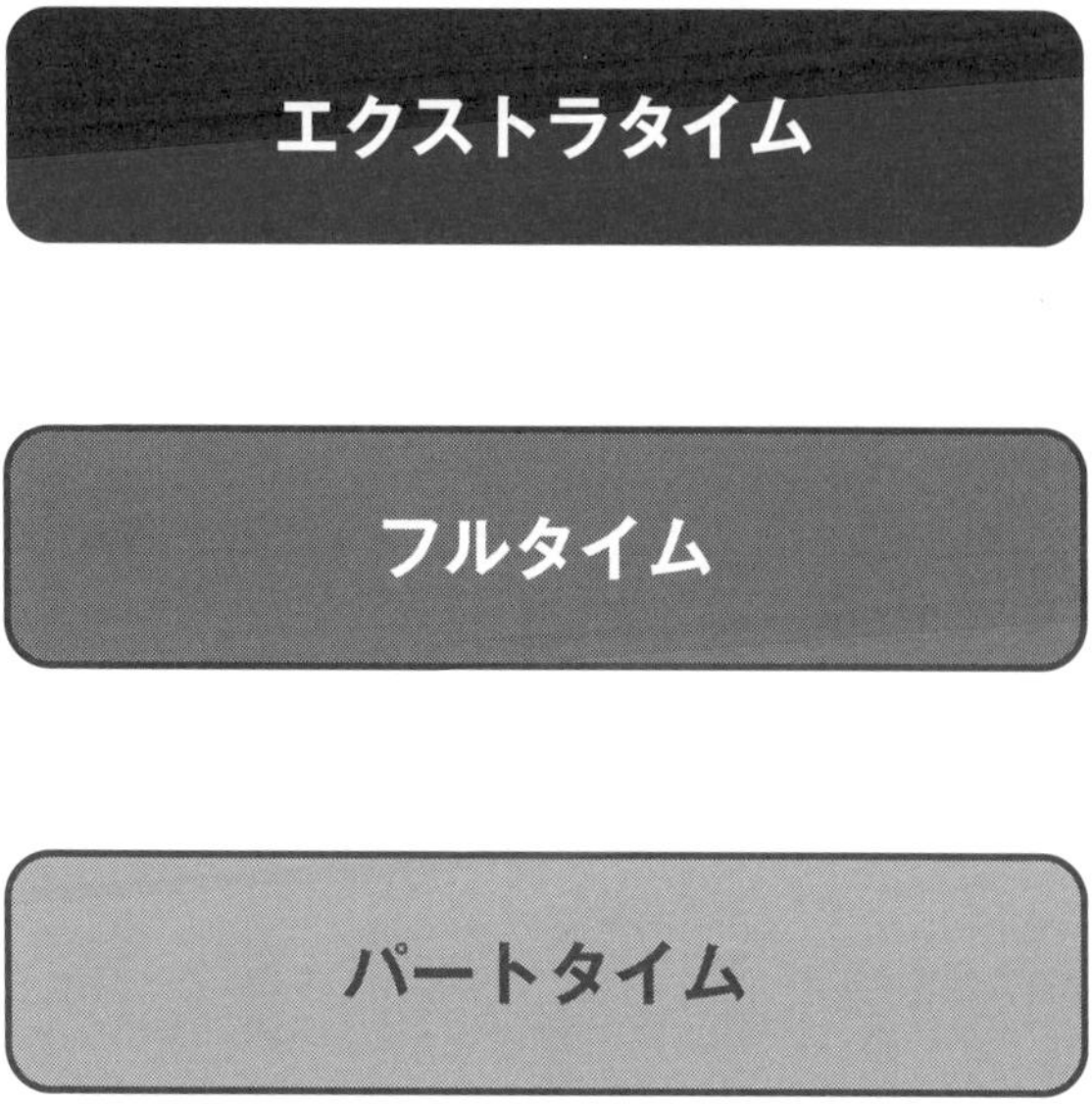

であれば、男女平等の今日の社会で、なぜ男性のほうが給料が高いのかと言われても仕方がないでしょう。

男女収入格差の舞台裏

同じ「フルタイム」の中で、なぜ男女の収入格差が発生するかという原因を突き止めるため、僕は、フルタイムとパートタイムだけでなく「エクストラタイム」という就業形態をここに入れ込んでみました。もちろん厚生労働省やハローワークが使っている用語の中にはありません。

エクストラタイムに当たるのは、たとえば「転勤」です。上司から海外への転勤を言い渡されたとき、「はい、わかりました」と言って素直に受け入れるのは、やはり男性のほうでしょう。女性の場合は付き合っている男性がいたりすると、基本的に海外転勤を嫌がるものです。

しかし男性の場合は、付き合っている女性がいても、「俺、メキシコ赴任になるから、一緒に行かね？」と言って、女性を一緒に連れて行ってしまう割合が結構高かったりするのです。もちろん女性で男性を連れて行ってしまう人もいますが、割合としては少ないようです。

これは僕が想像で言っているわけではありません。一般社団法人日本在外企業協会が企業に行ったアンケートでも、海外に派遣される男性社員の数は女性社員の25倍と、圧倒的に女性社員の数を上回っています。

日本の企業社会の中では、転勤をすんなり受け入れる男性と、それを断る女性を比べてどちらが出世しやすいかといえば、当然転勤を受け入れた男性のほうになります。

それは会社の命令を受け入れたというだけでなく、実際に海外の市場を見てきた社員の経験を生かしたほうが、会社のためになるからです。そして海外経験を積んで帰ってきて出世する社員は女性よりも男性のほうが多いです。

産休をとると復帰後のポジションが微妙に

エクストラタイムの2つ目は、子どもが生まれたときに産休をとるかどうかです。

法律上は男性も産休がとれることになっています。しかし大企業に勤めている男性の多くは、産休をとりません。

法律上許されているし男女平等なのだから堂々と産休をとればいいと思う人もいるかもしれませんが、もし産休をとると職場に復帰したときに、会社の中でのポジションが微妙になってしまうのです。

なぜなら上司からすれば「産休をとる権利」を取らない部下のほうが使いやすいからです。これも本来なら、産休をとって休んでいるはずの時間を、従来と変わらない勤務時間に使うわけですから「エクストラタイム」ということになります。

エクストラタイムを進んで受け入れる女性もいる

エクストラタイムは、このほかにもあります。

社員の過重労働が問題になった電通では、夜の10時以降、勤務してはいけないというルールを作りました。そのため電通では、夜10時になったらオフィスの電気をすべて消します。

しかし10時に退社しても家に帰らず、近所のスタバに直行して、そのまま仕事を続ける社員が少なからずいます。あるいは家に帰って、残業代の申請ができない「残業」を自宅で続ける社員もいます。

こういう社員を褒めるわけではありませんが、世の中には一日8時間働くフルタイムと、決められた時間内で時給で働くパートタイムのほかに、転勤もサービス残業も厭わないエクストラタイムの社員がいるのです。そしてこのエクストラタイムの社員のほとんどが男性です。

同じフルタイムでも男性のほうが女性より高い給料をもらっている理由はここにあります。これは何もブラック企業や過重労働を押しつける会社の話をしているわけではなくて、「日本の社会はこういう社会です」という話なのです。

そのため女性も男性と同じ収入を得たいのであれば、このエクストラタイムをやるしかないのです。

実際やっている女性もいます。エクストラタイムは強制するものではありませんが、それを乗り越えたほうがやはり収入も多くなるし、会社の中でのポジションも上がっていくのです。その点は男性女性の区別はありません。

したがって、もし収入を増やしたい、あるいは会社の中で昇進したいと本気で考えるのであれば、そうやって生きていくしかないのです。

無能なやつは忠誠心で稼げ

このエクストラタイムを、自ら実践している社員もいます。

よく「仕事のできる社員は、定時にさっさと仕事終わらせて帰る」などということが言われますが、自分の無能を補うためにあえて残業する社員もいるのです。

しかし上司からすると、そうやって自ら進んで残業してくれる部下のほうが使いやすいということもあります。

日本の会社によくあるケースですが、仕事の能力値とは別に、忠誠度の高さを重視するのです。

なぜなら日本の会社で、主任が係長になっても、係長が課長になっても、それほど急激に給料が上がるわけではありません。そうした不満の中で、会社の中で快適に過ごすためには、優秀でムカつく部下を使うよりは、無能でも自分の思い通り便利に動く部下のほうを好む傾向にあります。

本来は優秀な部下を使いこなすのが上司の役目なのですが、こうした職場内の構造の問題が日本企業の利益率を低くしているということも言えるかもしれません。

いずれにしても、能力のない社員が上司に気に入られて昇給・昇進していくためには、忠誠心で勝負するということも大切なのです。

残業代で稼げるだけ稼げ

最後に長時間の残業を強いられて文句を言っているビジネスパーソンも多くいますが、ちゃんと残業代が出るのであれば、そして体力的に可能なのであれば、残業はどんどんやったほうがいいと思います。単純にそのほうがお金になるからです。

長時間残業といえば広告代理店ですが、大手の広告代理店の営業戦略は、クライアント様のために24時間いつでも対応しますよというものです。クライアントからすれば9時から5時までしか対応しない代理店より、24時間対応してくれる代理店のほうが便利なので、そちらに発注するというのは普通にある話です。

だから広告代理店で残業が長いのは不思議なことではなく、むしろお金を稼ぎたいのであれば積極的に残業をしたらいいのではないかと思います。そこでお金を稼ぎまくって、そのお金で投資もしてさらにお金を増やし、いつでも転職や起業ができる準備をしておいたほうが、無理やり残業を強いられていると考えるより気持ちも楽になると思います。

そしてもし残業が嫌なら、会社を辞めればいいだけの話なのです。

幸せの法則 分相応の101は全肯定

お金は幸せに必要不可欠な要素ではない

ここまでお金の話をしてきました。一生懸命働いて給料をもらっても税金や社会保険などで5割を持っていかれる「五公五民」の世の中。給料上がらず物価は上がり、ますます重くのしかかる生活苦。安心して子どもも作れず寂しく過ごす未来の老後。

こうしたネガティブな状況から抜け出すためには、やはりお金が重要になってきます。ただしお金がたくさんあるから必ずしも幸せというわけではありません。逆にお金がないから不幸せというわけでもありません。

なぜなら自分が幸せか不幸せかを決めるのは自分自身であり、周りの人の評価ではないからです。

たとえばここにAさん、Bさん、Cさんという3人の人がいます。

Aさんは東京に長年住んでいながら、有名な三ツ星レストランのロブションやすきやばし次郎で一度も食事をしたことがなく、そういう店で食事をしている人を幸せだと思い、逆にそういう店で食事をするだけの金銭的余裕がない自分を不幸だと感じています。

Bさんは、そんな高級店に興味はなく、家族や友人とサイゼリヤで食事ができれば十分それで幸せだと感じています。

Cさんは農村で暮らしていて、そもそもロブションやすきやばし次郎などという名前すら聞いたことがなく、そこで食事をすることが幸せなのかどうかをイメージすることすらできません。

この3人の中で、自分が幸せだと感じているのはBさん、不幸だと感じているのはAさん、どちらとも感じていないのがCさんです。

あなたは3人のうちどのタイプですか？　また、どのタイプでありたいと思いますか？

他人と比較する必要は全くない

僕は、日本は「分相応」という教育をちゃんとやったほうがいいと思っています。

なぜなら「1億総中流」という言葉が示すように、周りにいる人は皆平等だと思っている人が多いからです。

実は、実態は違うのです。たとえば奨学金をもらってFランに行く学生と、幼稚舎から慶應大学に入った学生は、置かれている状況は全く違うのです。

本人は同じ四大生で、見た目は変わらない、むしろFランの学生のほうがイケメンで自分はいけてる大学生だと思っているかもしれません。

しかし卒業して大企業に就職した慶大生と、聞いたことのない中小企業に入社して、なおかつ卒業した時点で200万円の借金を抱えているFラン生では、その後の人生は全く違ったものになるでしょう。

こういうことを言うと人間は平等なんだと怒り出す人もいるかもしれませんが、これが世の中の現実なのです。しかし仮にそのFラン君のことを周りが不幸な目で見たとしても、本人はそんなことを全く気にしていないかもしれません。

他人と比較をすると、確かに自分が不幸だと思えるかもしれませんが、他人は他人自分は自分なんだということを受け入れて、自分は自分の住む世界の中で幸せなのだと思えば、何の問題もないのではないでしょうか。

「分相応の101は全肯定」

YouTubeでこのテーマについて配信しているとき、このような言葉を送ってくれたリスナーの方がいました。

１０１というのは英語圏の人たちの言い方ですが、大学などで学ぶ学問の一番最初の段階ということです。つまり分相応っていうことを学ぶための第一歩は、まず自分自身をありのままに受け入れることだということです。

自分が不幸である理由を探そうと思えば、いくらでも見つかるんです。

身長が１８０cmありませんとか、イケメンじゃありませんとか、手先が器用ではありませんとか、スポーツそんなにうまくありませんとか、声もイケボではありませんとか、そんなに若くありませんとか……理由をあげれば切りがないと思うんです。

でも、わざわざそんなところばかりを気にするのではなく、むしろ自分が幸せに感じるところを見つけていければ、人はそれだけで幸せになれるのです。

自分が「幸せになる」ことは何かということを常に探して、ゲームやって幸せ、いい映画を見て幸せ、美味しいものを食べて幸せ、今日１日楽しかったから幸せだった、というふうに感じていれば自然に幸せになることができるのだと思います。

「ピンハネ国家」の実態を暴く
～異次元の大負担増から逃れる方法～

著者：ひろゆき（実業家）×監修：根本和彦（元国税調査官）

「黒幕」は財務省か、自民党か

——自分たちは「裏金」を受け取りながら税務申告もしない一方、国民には「五公五民」と言われるような過剰な負担を押し付ける。国民が怒るのも無理はないと思いますが。

ひろゆき：アメリカでは、新聞社がない地域ほど、1人当たりの税負担が増えると言われています。政治家が何か不祥事を起こしたり、国民に負担を強いるような政策を打ち出したりしたとき、地元の新聞社がそれらを暴き立てるんでしょうね。そして有権者の投票行動に訴えかける。だから政治家もうっかり悪事が働けないし、その地域の税率を上げるなんて言うことができないんだと思います。

日本でも新聞社がそういう政治家の監視役みたいなことをやればいいと思うんですが、大手新聞社は記者クラブとか夜討ち・朝駆け取材などを通じて、政治家と仲良くなって情報をもらったりしているので、なかなか政治家の悪事を暴き立てるような記事は書けません。新聞社がやらない代わりに「文春」や「新潮」が国民の怒りを代弁しているという感じですかね。

根本：本書もそのくらいの影響力を政治家に与えたいですね。

ひろゆき：ただ、例の「裏金」問題に関しては、国民の税負担とはあまり関係のない話だと思います。国家予算110兆円という規模に対して、1人当たり4000万円のキックバックとかいうしょぼい話ですからね。ですからこの問題について何か騒ぎ立てたところで国民の負担が変わるわけではありません。

むしろ、子育て支援という名のもと、しれっと公的医療保険に500円とか1000円の上乗せをしているほうが、怒るべき部分なんじゃないでしょうか。

根本：いわゆる「実質上の子育て増税」に関してはいろいろな考えがありますけど、森永卓郎さんが『ザイム真理教』という本の中で語られているように、財務省としてはとにかく税収を増やして財政均衡するんだという価値観に凝り固まっていますので、政治家を手なずけて、国民の負担を増やすという方向に動いてしまうのかもしれません。

ひろゆき：その「財務省悪玉論」っていうのは、まだ生きているんですか？　僕は財務省って予算組みをするわけでもないし、人事権は今や政治家に握られているので、自民党と公明党がやりたい放題のことをやって、それを財務省がやらせているというふうに見せかけてるんじゃないかという気がするんですけど。

根本：そうですね。まあ、政官一緒になってやっているっていう部分もあると思います。財務省ＯＢも政治家になっているし、政治家は政治家で選挙に受かりたい、政権維持したいというところで、お互いにお互いを利用しているというところはあると思いますね。

ひろゆき：選挙に当選したいということで、財務省の予算枠を広げて、選挙区の地元にいかに予算を取ってくるかという話になってると思うんですよね。地元に橋をかけたり道路を造るために、財務省の予算枠を広げさせ、住民の票を確保しようとしている構造が問題なのかと思いますが。

根本：そうですね、それはその通りだと思います。

ひろゆき：それが止まらない限りは、財務省もずっと予算を増やし続けざるを得ないですよね。

根本：本当に政治家が手柄を取ったっていう感じで予算を持っていきますからね。で、それの演出を財務省も一緒になって盛り上げる。確かにそれはそういう「儀式」になってる部分ありますね。

ひろゆき：なのでまあ、最終的にはやっぱり自民党、公明党という与党政治家の問題だよねっていうところに収れんするんじゃないかと僕は思ってるんですけど。

――ひろゆきさんがおっしゃった「子育て増税」の黒幕も最終的には自民党と？

ひろゆき：まあ今までの予算は減らしません、ほかに使う予算も1円も減らしません、でも子育て支援は公約だからやらなきゃいけない。じゃあ予算を増やさなきゃいけないけど、それを税金にするとまた「増税メガネ」とか言われるから、医療保険の上乗せでごまかした、ってところじゃないでしょうかね。

根本：そうですね。「予算を増やすなら歳入増やせ」と言いますが、それに見合うものをどこから引っ張ってくるかというと、所得税はなかなか上げられないし、法人税は経団連など強い団体からの反発があるし……ということで、税金より社会保険料のほうが増やしやすいと考えたんでしょうね。

ひろゆき：まあ何も言わないで唯唯諾諾と払ってくれる会社員の人たちがいっぱいいますからね。

根本：そうです。

ひろゆき：所得税とか消費税を上げると、日本人の全員に影響するので、たぶん日本中の人が反応しちゃうんですけど、社会保険料を払ってる労働者の割合は全人口の3分の1くらいですもんね。3分の1が高齢者で、残り3分の1がその子どもとか働いてない人とか、確かそんなぐらいだったと思うので。それでその保険料も給与天引きなので、上がったことあんまり気づかない……。

根本：そうですね、大抵の人は給与明細を見ても手取り額しか見ないから、いくら引かれるかなんてあまり考えないですよね。確定申告もしないから関心も薄い……まあうまいところから取ろうと考えますよね。

ひろゆき：まあ昭和の時代から昇給がわりと当たり前に行われてきて、昇給と社会保険料のアップが同時に行われていたので、たぶんそこまで負担感強くなかったんだと思うんですよね。

取られるばかりで「納得感」がない

――2023年には「五公五民」みたいな言葉も出てきて、給与の半分もふんだくられているんだと、ようやく気がついた人もいるんじゃないかと思いますが。

ひろゆき：負担ということで言えば、僕が今住んでるフランスのほうが日本よりも高負担ですけどね。ただ負担率が高くても、その負担に対する見返りがどのくらいなのかという納得感があるので、国民はあまり騒がない。この国民の「納得感」っていうところが結構大きいと思いますけどね。

根本：フランスではどんな「見返り」があるんですか？

ひろゆき：まあベビーシッター代は1時間1ユーロ（約160円）、小・中・高・大学すべて学費はほぼ無料。若者の失業率が高いと言われているけど、フランスでは1年間働くと次の1年間は働かなくても給料がもらえるんです。そして失業して手当をもらっている最中も他人に家を貸してお金を回し、自分は彼女の家に泊まったりしている。多分パリの学生なんて払う額よりもらう額のほうが多いんじゃないかな。収入がありませんっていうと1日30ユーロ（約5000円）くらいのお金をくれる。とにかく何か困ったときには国が援助してくれるという感じですね。日本だったら失業して本当にお金がなくて、餓死する人も出てくるくらいですけど。

――そのあたりも、ひろゆきさんが提唱されているベーシックインカムのベースになっているんですか？

ひろゆき：そうですね。要するに本当にお金がなくて死んでしまう人がいるなんて政策はどこかおかしいんで、すべての人にまんべんなくお金を配ればそんなことにはならないんで。まあギャンブルに使っちゃってなくなりました、みたいなこともあるかもしれませんけどね。

根本：私も2人子どもを育てましたけど、3人目をどうしようか迷った挙げ句、やっぱり経済的に難しいよなということで諦めたという経緯があるんです。どうしても子どもが1人増えたらすげーお金がかかっちゃうなって思ってしまいますし……でもそれが少子化を加速させている原因なんですよね。産むかどうか迷っても国は助けてくれない。

ひろゆき：なんか自己責任論結構強いですよね。国民負担率5割あるのに。

根本：そうですね。

ひろゆき：国民負担率10％くらいだったら、自己責任って言われても、まあそうだよねと思うんですけど、半分もぶん捕っておいて自己責任はないだろうみたいな。

少子化対策の有効な方法は？

ひろゆき：フランスの場合、所得税も世帯に対してかかるので、夫婦2人なら半分、子ども1人なら3分の1、子ども2人なら4分の1というふうに、子どもを産めば産むほど得をするっていう構造になっています。だから子どもを持つモチベーションも高い。

――日本で、そういう子どもを産むモチベーションを高めるような政策は打てるんでしょうか？

ひろゆき：まあこれをやれば出生率2を超えるみたいな、簡単なものはないでしょうね。複合的な政策によって、出生率を0・25とか0・1とか少しずつ積み上げていくような……。なにも「異次元」の対策である必要はないんです。

根本：所得制限の撤廃とか、あと出産一時金とか、確かに「全然異次元じゃねーじゃん！」と思いますよね。私が文科省にいたときの官僚経験でいうと、政治家は何かスローガンを掲げるだけで、結局各省庁に何か政策を出せと言ってくるんです。そして既存の政策の名前をちょっとだけ変えて、「じゃあ、これとこれとこれをセットにして出そう」と。結局過去の政策の焼き直しなんです。

ひろゆき：あとは子育て支援がうまくいかないと人口が減り続けて、そのマイナスの影響が結構大きくなったら「経済ヤバいよね」ってことになるはずなんですけど、そういう話があまりまだ表立って言われてないのがちょっと不思議ですけどね。

たとえば毎年1％人口が減ったら、内需企業の場合は1％ずつ売り上げが減るってことじゃないですか。そうすると給料を上げるなんてとてもできないし、研究開発に回すお金もないし、やるべきことといえばあとはリストラをするぐらいしかないんですよね。

国民が声を上げるシステム

――目に見える対策が行われていないのに国民の負担ばかりが増大して、増税に関しても、防衛予算のための1兆円増税とか、所得税、法人税それから最終的には消費税も上がるんじゃないかということまで言われていますが

ひろゆき：人口が減る以上、負担が増えるのは当然ですけどね。ただ防衛予算などで10年先にこのくらいお金がかかりますと試算していますが、人口が10％減ったら1人当たり払う額はその10％分増えるわけじゃないですか。そりゃ増税か、国債で借金を作るかっていう二択しかないです。僕は子育て支援に関しては赤字国債でいいと思っていますけどね。

根本：まあ本当に税収を増やしたいと思ったら一番ガッツリと取れるのは消費税なので、そこを上げたいとは考えると思うんですよ。でも消費税は影響がでかいので、その前に、やれることをやって、あとはもう消費税を上げるしかないっていう状況に持っていくんじゃないかなと思っています。相続税とか贈与税はもう確実に、ここ数年で上がっているんですよ。相続税申告義務者もすごく数が増えてきています。所得税はなかなか上げづらいし、法人税もやはり企業や経団連からの関係で上げづらい。そこで結局、「みんなで負担しましょう、

消費税」みたいな話に最終的には持ってくるんだろうなと思っています。

ひろゆき：そういう意味では、声を上げるシステムというのはすでに機能していますよね。根本さんがおっしゃったようになぜ法人税率を上げないかというと、経団連にすげえきつく言われて献金の額を減らされるからだと思うんです。逆に声を上げない労働者からなら一番搾り取りやすい。

根本：まあ小さな変化かもしれませんが、最近では、パブリックコメント（意見公募手続）の結果で、国税庁がサラリーマン副業３００万円問題についての発表内容を訂正したということがありました。パブリックコメントの制度ができて20年くらいたちますが、こうした変化は初めてのことではないかと思います。

あとは電子帳簿保存法が２０２２年に改正されて、２０２４年から本格稼働をしましたが、もともとこれは自民党の税制改正で盛り込まれた内容でした。それがいつの間にか国税庁の税務調査に有利な内容にされてしまい、納税者である個人事業主や経営者の負担を増大する内容に変えられてしまったんですよ。そこで私も含めて税理士YouTuberなどが大騒ぎしたら、翌年の税制改正で負担感を減らす方向に自民党が変えたという経緯がありました。だから一昔前と比べると、声を上げれば一応届きやすくなったという面は感じられますね。

ひろゆき：たぶん個人がやるべきことって、こういう社会制度がおかしいと思ったら、政治家を選挙で落とすことだと思うんですよ。今の仕組みを作った政治家を野放しにすると、制度はいつまでも維持されるわけじゃないですか。それぐらいしか庶民が社会システムを変える方法はないと思うんですよね。

根本：族議員がその所属する業界などの支援を受けて当選している限り、政治家は考えを変えることはないと思うんですよ。なので変えるとしたらもうそういう議員を落とすしかないんですよね。

日本に残るか、海外に逃げるか

ひろゆき：日本がものすごく悪い国だったとしましょう。僕自身はそれほど悪い国だとは思ってないんですけど。「でも日本は悪い国です、もうどうやっても社会システムが良くなることありません」というときに、国民ができることって、なんとかして政治を中から変えるか、外国に行ってその国のシステムの中で生活するかの二択になると思うんです。日本の場合は労働者の人数比率がだいぶ少ないので、労働者が痛めつけられても所詮国民の3割の人が痛めつけられるだけなんですよね。今後も労働者比率が5割とかに上がったりすることはないので、それなら労働者比率の高い国に行ったほうが、労働者が報われるんじゃないでしょうか。他の国に行くという選択肢も持ったほうが気が楽なんじゃないかなと思いますけど。

根本：確かにおっしゃる通り、海外に行くという選択肢もあります。ただ、日本に残ってなんとかやっていくっていう人もいると思いますので、劇的に社会制度は変わらないけど、今ある制度の中でうまく生きていく方法を私は皆さんにご提案しています。

ひろゆき：ある程度優秀な人って、日本にいても海外に出ても、どこでもなんとでもなるんですよね。

根本：確かに。

ひろゆき：問題は、ある程度優秀ではない人がどう生き残るかっていうことですよね。いずれ経済的に、もう子どもを持てないのが当たり前になってしまうと思うんですよね。それが外国なら、たとえば東南アジアあたりでも、年収が100万円に満たない人が結婚して、家族を持てて、普通に死ぬときに孫に囲まれて幸せに死ぬということができるんです。ところが日本の場合って50歳くらいで結婚できてない人はもうほぼ結婚しないので、3分の1か4分の1くらいが未婚で死ぬんです。だからあんまり優秀じゃない人の場合は、そのまま1人で死んでいくことが確定しているので、どっちが幸せなのかって……。

根本：確かにサラリーマンは厳しい。それでも副業するなり起業するなりして、税金や負担をコントロールできる余地がまだ今の制度の中にあるので、そういった半径何メートル以内のところは守りつつ、社会を少しずつ変えていく方向で生きていけたらいいと思います。

【著者】 **ひろゆき**（西村博之）

1976年、神奈川県生まれ。東京都に移り、中央大学に進学。在学中に米国のアーカンソー州に留学。1999年にインターネットの匿名掲示板「2ちゃんねる」を開設し、管理人になる。東京プラス代表取締役、未来検索ブラジル取締役など、多くの企業に携わり、企画立案やサービス運営、プログラマーとして活躍。2005年に株式会社ニワンゴの取締役管理人に就任し、2006年に「ニコニコ動画」を開始。2009年に「2ちゃんねる」の譲渡を発表。2015年に英語圏最大の匿名掲示板「4chan」の管理人に。主な著書に『働き方 完全無双』（大和書房）、『論破力』（朝日新書）、『無敵の独学術』『論破王ひろゆきのがんばらないコミュ術』（ともに宝島社）などがある。

【監修者】 **根本和彦**（ねもと かずひこ）

元国税調査官YouTuber。1976年、福島県生まれ。東北大学大学院修了、政策研究大学院大学修了。キャリア官僚として文部科学省に入省。数千億円規模の予算獲得、大規模な法改正に担当者として従事し、国家の中枢での勤務を経験。文部科学省退職後、民間企業での勤務を経て、国家公務員として国税局に再就職。国税調査官として会社の税務調査を行う。国税局退職後は「税金坊学府」というオンラインスクールを主宰し、節税対策を単なるテクニックではなく、経営者の「在り方」にまで昇華させた。国税調査官の経験をもとに節税の本質を捉えて体系化した「税金坊流節税」を経営者に伝えている。著書に『元国税調査官が捨て身の覚悟で教える「節税」の超・裏ワザ』（SB新書）などがある。

編集／宮下雅子
表紙デザイン／奈良岡菜摘デザイン事務所
帯写真／小田駿一
本文デザイン・DTP／ad-crew
まんが／たまきちひろ
編集協力／高水 茂

税弱な日本人からふんだくる ピンハネ国家の不都合な真実

2024年5月29日　第1刷発行

著　者　ひろゆき（西村博之）
監　修　根本和彦
発行人　関川 誠
発行所　株式会社 宝島社
〒102-8388
東京都千代田区一番町25番地
電話　03-3234-4621（営業）
03-3239-0646（編集）
https://tkj.jp

印刷・製本　中央精版印刷株式会社

Printed in Japan
ISBN978-4-299-05378-7